거룩한 유산 순종

KB192784

거룩한 유산 순종

· 초판 1쇄 발행 2023년 11월 05일

· 지은이 정도연
· 펴낸이 민상기 · 편집장 이숙희 · 편집부 민경훈
· 펴낸곳 도서출판 드림북
· 등록번호 제 65 호 · 등록일자 2002. 11. 25.
· 경기도 양주시 광적면 부흥로847 양주테크노시티 220호
· Tel (031)829-7722, Fax(02)2272-7809

나를 향한 하나님의 설득

거룩한 유산
순 종

정도연 엮음

드림북

추천의 글

김종인목사 (장성기은교회 개척 담임 36년)

순종이란 그저 조건 없이 따르는 것이다. 아브라함의 순종, 이삭과 야곱의 순종. 여기에 수록된 수많은 믿음의 조상들의 순종은 조건도 계산도 없었다.

이러한 순종의 역사는 지금도 이어지고 있다. "오직 성령이 너희에게 임하시면 너희가 권능을 받고 예루살렘과 온 유다와 사마리아 땅끝까지 이르러 내 증인이 되어라"는 말씀 하나로 한국에서 보장된 안락한 미래와 부를 버리고 아무 조건 없이 가방 두 개 들고 메콩강으로 달려 간 정도연 목사의 순종이 아니던가?

'갈바를 모르던' 아브라함처럼, '희생으로 돌아온' 이삭처럼, '험악한 세월'로 돌아온 야곱처럼, '상처와 억울함'으로 돌아온 요셉처럼. 선교라는 사명에 순종으로 응답하여 메콩강의 복음을 이루어 교회, 학교, 공동체로 돌아오게 된 이 값진 열매들.

지금도 새벽마다 메콩강의 영혼과 문화를 위해 탄식하고 울고 있는 저 아름다운 순종이 이 시대를 살아가는 우리 크리스천들에게 필요한 순종은 아닐까?

머리말

"너희가 누구에게 순종하든지 순종하는 자의 종이 되어 죄의 종으로 사망에 이르고 순종의 종으로 의에 이른다"(롬6:16). 나는 성경 인물들을 순종의 관점으로 보고, 그들 순종의 특징을 세 가지 소주제로 정리해 2년째 설교하고 있다. 남은 삶도 순종을 중점으로 설교하고 싶다.

거룩한 순종은 내 의지로 하는 반응이 아니다. 하나님께서 나를 설득해 주셔야 가능하다. 순종은 주연자를 위한 조연자의 의무다. 성경에 등장한 모든 믿음의 사람들은 인류의 주연자이신 예수 그리스도를 위한 조연자들이다. 나는 성경에 나오는 믿음의 사람들을 조연자의 관점으로 보고자 했다. 또한 그런 조연자들을 위한 무명의 조연자가 했던 순종을 관심 있게 보고 싶었다. 무명의 조연자들을 통해 순종은 겸손의 상징이란 사실을 깨달았다.

나는 요셉의 순종을 통해 순종의 정의는 '아버지의 샬롬을 그의 형제들에게 전해 주는 것'이라는 비밀도 깨달았다. 순종은 이해하고 하는 게 아니고, 순종의 과정을 통해 그 의미를 깨닫고 감사하며 가는 길이란 사실도 알았다. 순종의 길은 낯선 길이고 홀로 가는 길이다.

순종은 주님 앞에 갈 때까지 멈추지 않고 연장해 가야 한다. 모든 순종의 꼭짓점에는 다음 순종을 이어갈 지혜가 있었다. 순종의 길에 순종에 필요한 것들이 준비되어 있었다. 순종의 과정 중에 하나님만 하실 수 있는 기적을 경험할 수 있다. 순종을 통해 나의 약함을 깨닫고 그 약함을 보충해야 한다.

고난 없는 순종은 없고 순종 없는 기적은 없다. 나는 이 설교를 나의 자녀들에게 먼저 들려주고 싶었다. 나의 아들딸들이 성경에 등장한 믿음의 사람들처럼 이 시대에 순종의 모범을 보여주길 바랐다. 나의 자녀들이 자기 순종의 결과에 감사하며 살아가길 바라며, 남은 삶, 순종의 관점으로 말씀을 듣고 보고 설교하고 가르치려고 한다.

2023년 9월 15일
정도연

목 차

1.
아브라함의 순종

(창12:1-5). 찬송: 312장 "너 하나님께 이끌리어"

인간은 의존적 존재다. 따라서 뭔가에 의지하지 않으면 불안해한다. 바울은 너희가 누구에게 순종하든지 순종하는 자의 종이 되어 죄의 종으로 사망에 이르고 순종의 종으로 의에 이른다고 했다 (롬6:16-18). 순종하지 않고 사는 사람은 없다. 순종의 대상이 다를 뿐이다. 믿음과 순종은 내가 의지적으로 반응하는 것이 아니다. 하나님께서 나를 설득해 주셔야 가능하다.

첫째. 아브라함의 순종은 하나님의 섭리에 이끌려 가는 순종이다 (창12:1).

하나님의 섭리는 하나님의 일하심이다. 하나님께서 그가 선택하신 자와 일방적으로 약속하시고 그 약속의 대상을 자신이 베푼 은혜를 받기에 합당한 존재로 만들어 가는 하나님의 일이다. 아브라함의 순종 역시 하나님께서 주도해 가시는 순종이다. 모세의 순종이 불가항력적이었던 것처럼 아브라함의 순종도 아브라함의 의지나 결단과 무관하게 하나님의 섭리에 아브라함이 떠밀려가는 순종이다. 믿음의 순종은 다 하나님의 섭리 가운데 귀속된 필연적인 순종이다.

아브람이 갈대아인의 우르에서 이방신을 섬기며 살고 있을 때 여호와께서 아브람에게 나타나 말씀하셨다. '아브람아! 나는 여호와 하나님이다. 내가 네게 복을 주려 하니 너는 네 아비 집을 떠나 내가 네게 지시할 땅으로 가라' 익숙한 곳에서 불확실한 곳으로 가라고 했다. 사람은 자기가 아는 범주에서 결단하나 하나님의 섭리가 작용하면 불확실한 길일지라도 의지적으로 거절하지 못한다. 무엇에 홀린 듯하다. 아브람이 그랬다.

아브람은 먼저 아버지 데라에게 이 말을 한다. 데라는 이방신을 섬기는 자였음에도 여호와라는 낯선 신의 명령을 거절하지 못하고 가족들과 가나안 땅으로 가기 위해 본토 친척을 떠난다. 익숙한 삶의 터전을 버리고 낯선 가나안을 향해 출발했지만 차마 국경은 넘지 못하고 하란에 거했다(창11:31). 아브람도 아버지의 결정을 거역하지 못하고 함께 하란에 거했다. 당시 갈대아는 문명이 발달 된 곳이었고 하란은 우르와 가나안 중간에 있었다.

아브람은 고향을 떠나고 싶어서 떠난 것이 아니다. 여호와 하나님이라는 신의 말씀에 순종하지 않았다가 무슨 일을 당할지도 모른다는 두려움에 떠밀려 하란까지 오게 된 것이다. 하지만 아버지가 그곳에 머물자 하니 그냥 그곳에 거주한다. 아브람의 아버지 '데라'란 이름의 뜻은 '지연하다, 연기하다'이다. 아브람의 순종의 길이 아버지로 인해 지연된다. 그러다가 아버지 데라가 하란에서 죽은 다음(창11:32), 아브람은 마침내 가나안 땅에 들어간다(창12:5). 아브람이 의지적으로 순종한 것이 아니다.

하나님께서 아브람을 갈대아인의 우르에서 하란으로 밀어내셨고 하란에서 다시 가나안으로 밀어내신 것이다. 세상 여정 가운데 꼭 깨닫고 회복해야 하는 믿음과 순종은 내 삶이 하나님의 섭리 가운데 있다는 것이다. 잠시 지연시키고 연기하려는 '데라'적 요소가 있을지라도 하나님의 섭리 가운데 지나갈 것이다.

둘째. 하나님께서 주도하시는 순종은 믿음 없던 자를 믿음 있는 자로 만들어 가신다(창13-14).

믿음은 열정이 아닌 하나님을 아는 것이다. 열정의 특징은 일시적이고 특정한 일에 열심을 품는 것이 대부분이다. 평소 신실하지 않던 자가 자신의 부정적 이미지 탈피를 위해 자기 자랑거리를 만드는 것이다. 믿음은 하나님께서 말씀하신 엿새 동안은 힘써 일하고 칠일째, 주의 날에는 하나님의 말씀 앞에서 쉼을 누리는 성실한 삶으로 회복하는 순종이다.

하나님을 알면 담대해지고 지혜로워진다. 아브람이 하나님의 강권적인 역사로 가나안에 들어갔으나 그 땅에 기근이 들자 애굽으로 내려간다. 아브람의 믿음은 하나님이 기근 속에서도 나를 지키고 먹이는 분이라는 수준에 이르지 못했다. 그러니 자연스럽게 물과 풀이 있고 양식이 있는 애굽으로 내려간 것이다.

당시는 자기 목숨은 자기 힘으로 지켜야 하는 시대였다. 혈연관계나 아는 사람이 없는 곳에서는 생명의 위협을 각오해야 한다. 아브람은 애굽으로 가면서 두려웠다. 자기 아내가 너무 예뻐, 아내를 빼앗기고 자기는 죽임을 당할 것만 같았다. 그래서 '당신이 나의 누이동생이라고 하자'며 둘이 짜고 내려갔다. 이 사건을 아브라함이 이미 믿음 있는 사람이라는 관점에서 본다면 아브라함의 타락이다. 그런데 하나님께서 이런 아브라함을 꾸짖지 않으신 것을 보면 아브라함을 향한 하나님의 섭리가 진행 중임을 알 수 있다.

이 사건 후 아브라함은 담대해져서 두 가지 중요한 결단을 한다. 하나는 그 살벌한 시대에 유일한 혈육인 롯과 헤어지는 것이고(창 13:7-12), 둘째는 자기 목숨도 위태할 수 있는 상황에서 조카 롯이 잡혀가자 집에서 훈련된 하인 318명을 데리고 가서 싸워 이기고 조카를 구출한다(창14:1-2). 아브라함은 이 승리를 통해 약속을 성취해 가시는 하나님의 신실하심을 깨닫는다.

애굽으로 내려간 사건 속에 아브라함이 회개한 장면이 없다. 하나님은 아브라함의 실수를 나무라기보다 하나님의 큰 그림을 이해하기 바라셨다. 아브라함의 아내를 빼앗으려 한 바로가 밤새도록 혼나고 회개한다. 얼마나 혼이 났는지 "다 데리고 가라" 하면서 금은보화에 많은 가축까지 더해 주었다. 아브라함은 아내를 빼앗기지 않았을 뿐더러 오히려 부자가 되어 돌아왔다.

이런 일을 통해 아브라함은 하나님을 아는 지식과 하나님에 대한 확신이 더해졌다. 그럴수록 아브라함은 강하고 담대해지고 지혜로워졌다. 아브라함의 믿음과 열정이 하나님의 은혜의 문을 열게 한 것이 아니다. 하나님께서 아브라함을 설득해 하나님을 아는 지식과 순종으로 이끌어 가셨다.

셋째. 하나님께서 주도하시는 순종이 의에 이르는 믿음을 갖게 한다(창15:5-7).

본문에 처음으로 "아브람이 여호와를 믿었다"는 말이 나온다(6). 하나님이 아브라함을 부르신 목적은 바로 이 믿음에 이르게 하려는 것이다. 아브람이 하나님을 믿고 순종해서 갈대아 우르를 떠난 것이 아니다. 하나님께 떠밀려 나왔다. 하나님의 섭리에 이끌려 가는 순종이 여호와를 믿는 믿음에 이르게 한다.

여호와를 믿는 믿음은 하나님과 대화하고 기도하는 순종을 하게 한다(창15:1-3). 하나님의 섭리가 아브람을 기도하는 믿음으로 순종하도록 하셨다. 믿음은 아브라함에게서 나온 것이 아니고 하나님에게서 나온다. "믿음을 의로 여기셨다"라는 것은 유일한 의이신 하나님의 독생자 예수 그리스도를 알게 되었다는 것이다. 하나님의 섭리가 그의 삶을 순종으로 이끌어 예수 그리스도를 알게 하셨다. 인간에게는 하나님을 믿고 구원 얻을 수 있는 조건이 없다. 구원은 하나님이 우리를 중생시키고 설득해서 하나님을 믿게 하는 섭리 외에 아무것도 없다. 구원은 우리의 믿음으로 받은 것이 아니라 하나님의 전적인 은혜다.

아브라함이 하나님의 독생자 예수 그리스도의 의를 깨닫자 그의 독생자를 요구하신다(창22:1-2). 하나님은 아브라함이 하나님을 믿고 그것을 의로 인정하신 후 아브라함의 생애 맨 마지막에 이삭을 요구하셨다. 예수 그리스도의 의를 깨달은 아브라함은 독생자 이삭을 데리고 모리아 산으로 가는 은혜를 누렸다.

하나님만이 우리의 의존의 대상이고 순종의 대상이다. "너희는 가만히 있어 내가 하나님 됨을 알지어다 내가 뭇 나라 중에서 높임을 받으리라 내가 세계 중에서 높임을 받으리라 하시도다(시 46:10)."

2.
이삭의 순종

(창21:1-3). 찬송가 568장 "하나님은 나의 목자시니"

아브라함이 갈대아인의 우르를 떠나 가나안에 들어간 것, 즉 구원받은 것은 여호와 하나님께서 주신 불가항력적인 순종의 은혜다. 모세가 그의 백성을 구원하는 길로 가는 사명의 길도 불가항력적인 순종이었다. 선진들의 믿음과 순종을 보고 듣고 깨달아 나의 삶에 적용해가면 더욱 성숙한 불가항력적인 순종의 은혜를 누리며 살 수 있다. 이삭이 바로 그런 사람이다.

첫째. 이삭의 순종에는 순종의 유전인자가 있다(창21:1-3).

이삭의 순종에는 부모의 순종 유전인자가 있었다. 이삭은 부모를 통해 불가항력적인 순종의 유전인자를 가지고 태어났다. 이삭은 순종하는 부모를 통해 보고 배운 순종을 한 단계 더 성숙시켜 순종했다.

이삭은 하나님 약속의 선물이고 증표다. 하나님께서 갈대아인의 우르에 사는 아브람을 불러 언약을 맺었다. "너는 너의 고향과 친척과 아버지의 집을 떠나 내가 네게 보여 줄 땅으로 가라. 내가 너로 큰 민족을 이루고 네게 복을 주어 네 이름을 창대하게 하리니 너는 복이 될지라. 너를 축복하는 자에게는 내가 복을 내리고 너를 저주하는 자에게는 내가 저주하리니 땅의 모든 족속이 너로 말미암아 복을 얻을 것이라." (창12:1-3)

아브람이 칠십오 세에 하나님께서 환상 중에 아브람에게 임하여 상속자, 아들을 주실 것을 약속하셨다. 여호와께서는 아브람에게 하늘의 별처럼 많은 자손을 주시겠다고 하셨다. 아브람이 여호와의 말씀을 믿자 여호와께서는 아브람의 믿음을 의로 여기셨다. 이런 하나님의 약속을 따라 태어난 아들이 이삭이다. 아브람의 믿음과 순종의 결실이 이삭이다. 이삭은 순종의 유전인자를 가진 자녀다. 아브람의 믿음과 순종은 아들 이삭을 통해 하나님의 의, 독생자의 십자가와 의를 깨달은 것이다.

둘째. 순종의 유전인자를 가진 자는 하나님께 순종하는 부모에게 순종한다(창21, 22, 24장)

이삭은 부모가 고백한 신앙고백을 따라서 믿고 순종했다(창21:4-5). 여호와께서 말씀하신 대로 경수가 마른 사라가 임신하였고, 하나님이 아브라함에게 약속하신 때가 되자, 백 살이 된 늙은 아브라함과 사라 사이에서 이삭이 태어났다. 아브라함은 이삭이 태어난 지 여드레만에, 하나님께서 분부하신 대로 그에게 할례를 베풀었다.

이삭은 아버지의 순종에 자신을 맡겼다(창22:1-18). 어느 날 하나님이 아브라함에게 그의 사랑하는 외아들 이삭을 번제물로 바치라고 하셨다. 아브라함이 아침 일찍부터 번제에 쓸 장작을 쪼개어 나귀 등에 싣고 두 종과 아들 이삭에게 길을 떠날 준비를 시켰다. 아브라함은 사흘 만에 하나님이 말씀하신 곳에 이르렀다. 아브라함은 종들에게 그곳에서 나귀와 함께 기다리라고 지시한 다음 번제에 쓸 장작을 아들 이삭에게 지우고, 자신은 불과 칼을 챙겨 함께 모리아 산을 향했다.

이삭이 아버지 아브라함에게 물었다. "아버지!. 불과 장작은 여기에 있습니다마는, 번제로 바칠 어린 양은 어디에 있습니까?" "얘야, 번제로 바칠 어린 양은 하나님이 손수 마련하여 주실 것이다." 그들이 하나님이 말씀하신 그곳에 이르자 아브라함은 제단을 쌓고, 제단 위에 장작을 올렸다. 그런 다음 제 자식 이삭을 묶어 제단 장작 위에 올려놓고 칼을 들고 아들을 잡으려고 했다. 그때 주의 천사가 하늘에서 "아브라함아, 아브라함아!" 하고 불렀다. "그 아이에게 손을 대지 말아라! 그 아이에게 아무 일도 하지 말아라! 네가 너의 아들, 너의 외아들까지도 나에게 아끼지 아니하니, 네가 하나님 두려워하는 줄을 내가 이제 알았다."

아브라함이 고개를 들고 보니 수풀 속에 숫양 한 마리가 뿔이 수풀에 걸려 있었다. 아브라함이 그 숫양을 잡아 아들 대신 번제를 드리고 그곳 이름을 '여호와이레', "주의 산에서 준비될 것이다"라고 했다. 주의 천사가 하늘에서 아브라함을 불러 말했다. "주의 말씀이다. 내가 친히 맹세한다. 네가 이렇게까지, 너의 아들, 너의 외아들까지 아끼지 않았으니, 내가 반드시 너에게 큰 복을 주며, 너의 자손이 크게 불어나서, 하늘의 별처럼, 바닷가의 모래처럼 많아지게 하겠다. 너의 자손은 원수의 성을 차지할 것이다. 네가 나에게 복종하였으니, 세상 모든 민족이 네 자손의 덕을 입어서, 복을 받게 될 것이다."

이런 일이 진행되는 동안 이삭이 반항했다는 기록이 없다. 이삭은 아버지를 믿었고 아버지에게 순종했다. 이삭은 평생 반려자인 아내를 선택하는 것도 부모님의 결정에 순종했다(창24장). 아브라함이 자기 집 모든 소유를 맡아 보는 늙은 종을 불러 말했다. "너는 하늘과 땅의 주인이신 여호와 하나님을 두고서 맹세하라. 너는 나의 아들의 아내가 될 여인을, 가나안 사람의 딸들에게서 찾지 말고, 나의 고향으로 가서, 거기에서 나의 아들 이삭의 아내 될 사람을 찾겠다고 나에게 맹세하라. 절대로 나의 아들을 그리로 데리고 가지 말라. 여호와 하나님이 나를 나의 아버지 집, 내가 태어난 땅에서 떠나게 하시고, 나에게 맹세하여 이르시기를 '내가 이 땅을 너의 씨에게 주겠다' 하셨느니라"

늙은 종이 그의 손을 주인 아브라함의 다리 사이에 넣고 맹세하고, 낙타 열 마리에 온갖 좋은 선물을 싣고, 나홀이 사는 성에 이르러 성 바깥에 있는 우물 곁에서 여인들이 물 길으러 나오기를 기다리며 기도했다. 순종을 명령받은 자의 자세는 기도하는 것이다. "주님, 나의 주인 아브라함을 보살펴 주신 하나님, 오늘 일이 잘 되게 하여 주십시오. 나의 주인 아브라함에게 은총을 베풀어 주십시오. 제가 여기 우물 곁에 서 있다가, 마을 사람의 딸들이 물을 길으러 나오면, 제가 그 가운데서 한 소녀에게 '물동이를 기울여서, 물을 한 모금 마실 수 있게 하여 달라' 하겠습니다. 그때에 그 소녀가 '드십시오. 낙타들에게도 제가 물을 주겠습니다' 하고 말하면, 그가 바로 주께서 주의 종 이삭의 아내로 정하신 여인인 줄로 알겠습니다. 이것으로써, 주께서 저의 주인에게 은총을 베푸신 줄을 알겠습니다."

이렇게 이삭은 아내 '리브가'를 만났다. 이삭은 아내 리브가를 사랑했고, 어머니를 잃은 슬픔을 리브가를 통해 위로받았다. 이삭의 순종은 자녀들이 부모에게 하는 순종에 앞서 부모들이 하나님께 순종하는 것이 먼저라는 사실을 가르쳐주고 있다.

셋째. 이삭은 아버지와 똑같은 상황에서 하나님의 말씀에 순종해 선한 영향력을 넓혀갔다(창26:1-33).

이삭은 하나님의 말씀에 순종해서 영향력을 넓혀 가며 복의 근원의 모습을 드러내기 시작했다. 아브라함 때에 가나안 땅에 흉년이 든 적이 있었는데, 이삭 때에도 그 땅에 흉년이 들었다. 이삭도 기근을 피해 아버지 아브라함처럼 애굽으로 가려고 그랄 땅에 이르렀다. 그때 여호와께서 이삭에게 나타나 말씀하셨다(창26:2-6). "애굽으로 내려가지 말고 내가 네게 지시하는 땅에 거주하라. 이 땅에 거류하면 내가 너와 함께 있어 네게 복을 주고 내가 이 모든 땅을 너와 네 자손에게 주리라. 내가 네 아버지 아브라함에게 맹세한 것을 이루어 네 자손을 하늘의 별과 같이 번성하게 하며 이 모든 땅을 네 자손에게 주리니 네 자손으로 말미암아 천하 만민이 복을 받으리라"

당시 그랄 땅에는 나그네가 오면, 남편을 죽이고 그 부인을 빼앗는 풍습이 있었다. 그러나 결혼하지 않은 사람이 오면 자신들의 땅에 정착할 사람으로 여기고 받아들였다. 이삭이 말씀에 순종해 그랄에 거주하지만, 아버지가 했던 실수를 반복한다. 예쁜 아내 리브가로 말미암아 자기를 죽일까 두려워하여 아내를 누이라고 거짓말했다. 그러나 블레셋 왕 아비멜렉이 이삭과 리브가가 사랑을 나누는 것을 창으로 내다보고 이삭의 거짓말을 꾸짖었다.

이삭이 하나님의 말씀에 순종해 그랄 땅에서 농사를 지었는데, 그 해에 백 배의 소출을 거두었다(창26:12). 원래 이삭의 전공은 농업이 아닌 목축이다. 이삭이 전공이 아닌 농사를 지어 전공 분야에서도 얻기 어려운 백배를 얻은 것이다. 이삭은 인류 최초로 전공

분야가 아닌 것으로 부자가 되어 전공인 양과 소 떼를 불리고, 종들도 많아지게 한 사람이다.

종들이 많아졌다는 것은 고용을 창출했다는 것이다. 이삭은 그를 해하려는 자들 앞에서 백 배의 소득을 남겨, 그 땅의 고용 창출을 도왔다. 하나님의 약속은 나는 세상 사람들이 너희를 해치지 못하도록 할 터이니, 너희는 내가 너희들 실수 때문에 세상 사람들을 저주하지 않도록 신실하게 살라는 것이다.

이삭이 그랄 땅에서 하나님의 복을 받자 블레셋 사람들이 그를 시기한다. 아브라함 때에 판 모든 우물을 막고 흙으로 메우고 우리 땅에서 잘되는 꼴 보기 싫으니 우리를 떠나라고 한다. 이삭이 복 받은 것을 시기하고 질투한 것이다.

가장 위대한 성공은 세상이 시기 질투할 정도의 고용 창출을 이룬 삶이다. 비전공분야에서도 성공하는 비결은 순종에 있다. 성도의 전공은 영혼을 풍성하게 하는 것이다. 성도의 전공 분야가 풍성해져야 한다. 내게 주신 백 배의 소득은 나를 위한 것이 아니다. 내가 책임지는 목축과 남녀 종들의 숫자, 책임지는 생명의 숫자를 늘리는 것이다. 이런 은혜는 불가항력적인 순종의 유전인자를 가지고 하나님께 순종한 부모를 따라 순종을 이어간 자에게 주신 은혜다.

3.
야곱의 순종

(창25:27-34). 찬송 338장 "내 주를 가까이하게 함은"

야곱의 순종에는 율법과 은혜의 모습이 다 들어있다. 아브라함, 이삭이 불가항력적 순종에 이끌려 가는 순종이었다면 야곱의 순종은 은혜를 지극히 이기적으로 이용하는 인간의 모습, 죄성이 추구하는 인간의 욕망이 함께 있다.

첫째. 야곱의 순종은 불가항력적인 하나님의 은혜를 가벼이 여기지 않고 적극적으로 활용하는 순종이다(창25:21-26).

야곱은 쌍둥이로 태어났다. 그의 형 에서는 사냥꾼으로 들에서 살고, 야곱은 주로 집에서 살았다. 아버지 이삭은 큰아들 에서가 사냥한 고기를 좋아해서 그를 더 사랑하고 어머니 리브가는 집안 일을 잘 도와주는 야곱을 더 사랑했다.

하루는 야곱이 죽을 쑤는데 에서가 들에서 심히 피곤한 모습으로 돌아와 동생 야곱에게 팥죽을 좀 달라고 했다. 야곱은 그냥 주지 않고 '형이 가진 장자의 명분'을 팔라고 했다. 에서가 야곱의 요구대로 맹세하자 야곱이 떡과 팥죽을 에서에게 주고 에서는 그걸 받아먹고 마시고 갔다.

성경은 "에서가 장자의 명분을 가볍게 여겼다"라고 한다(창25:34). 명분은 하나님의 약속을 의미한다. 에서는 하나님의 불가항력적인 은혜의 약속을 값싼 은혜로 취급했다. 그렇다면 그 장자의 명분을 떡과 팥죽을 주고 산 야곱은 하나님의 약속을 귀하게 여겼다는 말이기도 하다.

야곱과 에서는 기도로 태어난 하나님의 약속의 자녀다(창25:21). 하지만 둘은 태중에서부터 싸웠다. 싸운다는 것은 같지 않다는 것이다. 두 아들이 엄마의 태 속에서 싸우자 엄마 리브가는 고통스러웠다. 자녀의 싸움은 그들이 상처받기 전에 부모가 먼저 상처를 받는다. 리브가가 "하나님, 이럴 때는 내가 어떻게 해야 합니까"하고 여호와께 물었다. 잉태를 간구하는 기도는 아버지 이삭이 했는데, 자녀들 사이의 문제는 엄마 리브가가 기도했다. 성경에서 말하는 자녀 교육의 시작은 태중에서부터이고 최초의 선생은 아버지가 아닌 어머니다. 리브가의 기도에 여호와께서 응답하셨다. 두 민족이 복중에서부터 나누일 것이며 큰 자가 어린 자를 섬기리라고 하셨다.

"이 족속이 저 족속보다 강하겠고 큰 자가 어린 자를 섬기리라(창 25:23)". 은혜는 율법을 통한 은혜와 복음을 통한 은혜가 있다. 한 은혜 안에 태어났다고 해서 다 하나님께서 원하시는 믿음과 순종을 하는 것이 아니다. 아담 이후 인간 안에 들어와 있는 죄성은 절대 은혜를 은혜의 바른 의미와 목적대로 살도록 내버려 두지 않는다.

야곱의 삶은 하나님의 불가항력적인 은혜를 입은 자의 모습을 보여준다. 동시에 자기 욕망으로 가득 찬 죄인의 전형적인 모습도 있다. 열정은 불가항력적인 은혜 안에도 있고 세상의 욕망에도 있다. 야곱은 분명 은혜를 깨닫고 열정적으로 은혜의 삶을 개척해 가는 믿음의 사람의 모습을 그려주고 있다. 그러나 그런 모습은 자기 명예와 욕망을 위해 열정적으로 사는 사람들에게도 있다.

율법과 은혜의 모습은 쌍둥이처럼 비슷하다. 하나님은 사랑이라고 하셨다. 하나님의 사랑을 입은 자의 모습에는 사랑의 모습이 나타나야 한다. 죄는 은혜받은 자의 생각을 붙잡고 하나님의 사랑을 바르게 이해하지 못하게 한다. 죄는 소극적이고 나태하다. 그런 삶에 전능이 임하기를 바라고 구하며 그것을 복음이라고 한다. 자기를 위한 열정을 하나님을 향한 열정으로 착각하도록 현혹한다. 예수 그리스도를 믿는 믿음이 의에 이르는 길인데, 율법을 지키는 것을 의라고 여긴다. 기복과 신비를 추구하는 사이비 집단이 발생하는 이유다.

쌍둥이처럼 비슷한 율법과 은혜, 죄의 유혹과 은혜를 어떻게 구분할 수 있을까? 하나님의 은혜를 가볍게 여기지 않는 자는 어떻게 살아갈까?

둘째. 하나님의 은혜를 가볍게 여기지 않고 귀하게 여기며 적극적으로 활용하는 자는 가정을 세우고 지키는 순종을 한다(창 25:27-28).

야곱은 가정을 세우고 지키는 일에 순종했다. 야곱은 가정형 사람이다. 가정은 생명이 잉태되고 자라고 보호되는 곳이다. 형 에서가 마흔 살에 이방 여자 두 명과 결혼을 하는데 이 두 여자가 이삭과 리브가의 근심거리가 된다(창26:34-35). 이삭과 리브가는 하나님의 약속을 깨달은 야곱을 집 밖으로 내보내 방목을 결정한다.

자녀를 방목할 때는 부모와 자녀 사이에 믿음과 순종이 전제되어야 한다. 또 방목의 목적이 가정을 세우고 지키고 보호하는 것이어야 한다. 이삭이 야곱을 방목하는 배경에는 순종과 믿음이 있다. 이삭은 하나님의 약속에 대해 믿음이 있었고 아들 야곱은 그런 아버지에 대해 순종이 있었다. 방목형 자녀 교육은 아버지의 믿음과 아들의 아버지에 대해 순종이 일치하고 그 목적이 생명으로 귀결될 때 가능하다.

뉴스에서 자녀 교육에 성공한 부모라며 떠든다고 무조건 따라해서는 안 된다. 부모와 자녀 사이에 믿음과 순종이 없고 확실한 목적도 없는 방목은 부모의 책임회피이고 자녀의 타락을 부추기는 것이다. 자녀를 양육하기 힘들고 귀찮아 방임하는 것이고, 부모에게 순종하기 싫으니 내 마음대로 살도록 내버려 두라는 반항이다. 그러나 믿음과 순종이 있고 목적이 생명에 있는 방목은 절대 타락하지 않는다. 잠시 흔들리다가도 다시 부모와의 약속, 하나님께서 주신 약속을 따라 약속의 땅으로 돌아온다.

이삭과 리브가가 야곱을 방목한 목적은 결혼해 가정을 꾸려오라는 것이다. 특별히 며느리가 되어야 할 사람의 소속을 자기들과 같이 하나님의 약속을 받은 집안 여자로 못을 박는다. 야곱은 이런 부모에게 순종해 홀로서기를 시작한다.

야곱이 홀로서기를 시작한 첫날 밤에 하나님은 야곱을 만나 주셨다(창28:10-22). 야곱이 집을 나서 하란으로 가는 길에 해가 지자 돌을 베개 삼고 잠을 잤다. 그날 밤 꿈에 땅에서 하늘에 닿은 사닥다리에서 하나님의 사자들이 오르락내리락하고, 여호와께서 그 위에 서서 말씀하셨다.

"나는 여호와니 너의 조부 아브라함의 하나님이요 이삭의 하나님이라 네가 누워 있는 땅을 내가 너와 네 자손에게 주리니 네 자손이 땅의 티끌같이 되어 네가 서쪽과 동쪽과 북쪽과 남쪽으로 퍼져나갈 지며 땅의 모든 족속이 너와 네 자손으로 말미암아 복을 받으리라. 내가 너와 함께 있어 네가 어디로 가든지 너를 지키며 너를 이끌어 이 땅으로 돌아오게 할지라 내가 네게 허락한 것을 다 이루기까지 너를 떠나지 아니하리라"(창28:18-22).

야곱의 꿈은 집으로 다시 돌아오는 것이다. 야곱이 잠에서 깨어

베개로 삼았던 돌을 기둥으로 세우고 그 위에 기름을 붓고 그곳 이름을 벧엘이라 하고 하나님께 서원한다. "하나님이 나와 함께 계셔서 내가 가는 이 길에서 나를 지키시고 먹을 떡과 입을 옷을 주시어 내가 평안히 아버지 집으로 돌아가게 하시오면 여호와께서 나의 하나님이 되실 것이요. 내가 기둥으로 세운 이 돌이 하나님의 집이 될 것이요 하나님께서 내게 주신 모든 것에서 십 분의 일을 내가 반드시 하나님께 드리겠나이다"(창28:18-22).

야곱이 태중에서부터 싸우고, 형의 발목을 잡고 나오고, 팥죽으로 배고픈 형의 장자권을 빼앗고, 아버지를 속여 장자의 축복을 받아내고, 20년을 종살이해서라도 원하는 여자를 아내로 삼고야 마는 고집, 집념, 열정에는 가정을 꾸려 생명을 잉태하고 낳아 기르고 지키려는 홀로서기의 목적이 있었다. 부모님과 하나님에 대해 순종이 있었다.

야곱이 하나님께 드리는 서원은 '나는 지금 당신의 약속을 따라 가정을 꾸려 생명을 얻으러 가는 길이니 내가 이 목적을 이루고 집으로 돌아오는 길을 보장해 달라'는 것이다. 본향으로 돌아올 때까지 함께하시겠다는 약속을 지켜달라는 것이다. 이것이 불가항력적인 은혜를 깨닫는 자의 소원이고 기도이고 열정의 목적이어야 한다.

셋째. 야곱의 순종에는 오직 생명만 남았다(창49:29-33).

야곱의 삶에는 하나님의 불가항력적인 순종의 은혜를 가볍게 여기지 않은 모습과 그 은혜를 가볍게 여기며 살아가는 자의 모습이 함께 겹쳐 있다. 하나님의 불가항력적인 은혜는 이 두 모습 속에서 하나님의 본질적인 은혜만 남기고 나머지는 다 사라지게 한다.

야곱의 삶은 참으로 성실하다. 야곱처럼 살면 세상에서도 성공한 삶을 살 수 있다. 그러나 은혜받은 자의 성실한 삶의 목적은 오직 육과 영적인 대가족을 꾸며 생명을 책임지는 것이다. 하나님의 약속을 믿고 집으로 돌아가는 것이다. 그러나 타락한 홀로서기는 고향을 등지고 자신만의 삶을 즐긴다. 홀로 즐기는 것이 쾌락이다.

야곱이 첫눈에 반한 여자, 라헬을 위해 칠 년을 하루같이, 세 번 사기를 당하면서도 참고 성실하게 살 수 있었던 이유가 바로 생명을 위한 가정이 있었기 때문이다. 하나님은 야곱이 품은 생명의 숫자가 늘어날 때마다 그의 소유도 늘려주셨다. 내 모든 소유에는 생명이 있어야 한다. 그 생명이 필요한 만큼이 축복이다. 죄는 생명 없는 소유를 행복이라 부른다. 그것은 욕망이고 타락이다.

야곱이 홀로서기를 시작한 지 20년 만에 당대 최고의 부자가 되어 약속의 땅으로 돌아온다. 집을 나가 홀로서기를 시작해 성공을 거두는 과정보다 삶의 결과를 가지고 약속의 땅, 본향으로 돌아가는 길이 더 험하고 어렵다. 먼저, 인색하게 대하고 속여 장자권을 빼앗은 형 에서와 화해하는 벽을 넘어야 했다. 형을 속일 때는 혼자였는데, 형과 화해해야 할 때는 부인 넷에 아들 12에 딸 하나, 가족만 모두 17명이 그 앞에 엎드려야 했다. 거기에 종들도 있다.

야곱이 에서와 화해하기 위해 준비한 예물은 팥죽 한 그릇과는 비교할 수 없을 정도로 많았다(창 32:14-15). 에서의 벽을 넘자 이번에는 약속의 땅을 차지하고 있는 이방 사람들과 그 문화의 벽을 넘어야 했다(창39). 야곱 가족 일행이 고향으로 돌아가기 위해 세겜에 머물 때다. 야곱의 딸 디나가 세겜땅의 여인들을 보러 나갔나가 그만, 그 땅의 추장 세겜에게 강간을 당한다. 이에 야곱의 두 아들 시므온과 레위가 하몰을 속여 할례받게 하고 아직 그 상처의 통증이 심할 때 칼을 가지고 기습하여 모든 남자를 죽여버리는 사건이 발생한다.

그뿐만 아니었다. 고생고생하며 돌아온 약속의 땅 헤브론에는 풀이 많지 않았다. 그래서 야곱의 아들들은 80km 떨어진 세겜 땅, 분노하는 무리가 있는 곳에서 양들을 쳐야 했다. 거기에서 사랑하는 라헬을 통해 얻은 자식, 사랑하는 요셉을 잃어버리고 그 땅에는 기근이 든다.

결국, 야곱은 다시 나그네가 되어 그의 식솔 75명(행7:14)을 거느리고 애굽 땅으로 간다. 그러나 감사한 것은 죽은 줄 알았던 아들 요셉이 살아서 그들의 생명을 지켜주겠다는 약속을 받고 가는 길이다. 그동안 수고한 모든 것이 사라지고 실패한 삶처럼 보였는데, 그곳에 하나님의 불가항력적인 순종의 은혜가 있었다.

하나님께서는 야곱을 하늘의 별과 바다의 모래와 같이 많은 생명을 남길 수 있는 생명의 씨앗 75명(행7:14)과 요람 같은 환경만 남기고 나머지 모든 소유는 다 사라진 거지를 만드셨다. 그러나 그 후 4백여 년의 세월이 흐른 뒤 야곱의 가족 75명은 2백만 명이 넘는, 바다의 모래알 같고 하늘의 별같이 많은 생명으로 불어나 다시 가나안을 향해 가는 하나님의 은혜를 입는다.

하나님의 불가항력적인 은혜는 그냥 가만히 있으라는 게 아니다. 죄성이 추구하는 게으름을 이겨내라는 은혜다. 창의적인 개척 정신으로 담대하게 도전하라는 것이다. 잔꾀 부리고 속이고 탐하지 말고 누가 보더라도 합리적이고 성실하고 열정적인 모습으로 지혜롭게 살라는 것이다. 그 모든 노력과 절약과 희생의 이유가 가정, 생명이고 다시 본향, 집으로 돌아가는 것이다.

은혜의 의무와 책임은 생명을 낳아 기르고 지키는 것이다. 죄가 이 은혜의 의무와 책임의 발목을 잡고 있다. 많은 젊은이가 결혼하지 않고 신경 쓰는 일 없이 잘 먹고 좋은 데 많이 가보고 사는 것이 잘사는 것이라고 착각하게 한다.

불가항력적인 은혜 앞에서는 나의 어떤 행위도 구원의 조건이 될 수 없다. 이 은혜를 약속받으면 아무렇게 살아도 된다는 말이 아니다. 하나님의 은혜는 특권적인 성실함을 동반한다. 은혜의 주체가 신실하니 신실해야 하고 그가 거룩하니 거룩하게 살아야 한다.

죄로 오염된 순종은 경쟁적이고, 지고는 못 산다. 죄는 누군가를 위해 부지런하거나 정직한 것을 좋아하지 않는다. 열심히 노력하지 않아도 하나님이 책임져 주신다고 유혹한다. 은혜는 나를 위해서보다 내가 책임지고 있는 생명을 위해 열정을 내는데 죄는 자기를 향해서는 부지런하고 도전적이지만 이웃을 향해서는 탐욕적이고 위선적이다.

4.
요셉의 순종

(창37:13-17). 찬송 384장 "나의 갈 길 다 가도록"

세상에는 우리 삶을 가로막는 다양한 문제들이 있다. 당면한 문제도 있지만 보이지 않는 문제도 있다. 끝없이 이어지는 문제를 해결하는 능력은 지금 내게 주어진 일에 성실하고 담대하게 순종하는 과정에 있다.

지금 주어진 일에 성실하지 않으면 다음 문제 앞에 답을 얻을 수 없다. 지금 맡겨진 일에 성실하게 순종하지 않는 자가 말하는 것은 정답이 아니다.

첫째. 요셉의 순종은 아버지의 평안을 형제들에게 전해주는 것이다 (창37:13-14).

순종의 정의는 아버지의 평안을 형제들에게 전해주는 것이다.

요셉이 꾼 꿈은 두 가지다(창37:5-10). 첫 번째 꿈은 "우리가 밭에서 곡식 단을 묶더니 내 단은 일어서고 당신들의 단은 내 단을 둘러서서 절하더이다(7)". 요셉의 꿈은 형제들의 일용할 양식까지 책임지며 살겠다는 것이다. 일용할 양식은 생명이다. 요셉의 형들은 "네가 참으로 우리의 왕이 되어 우리를 다스리게 되겠다는 것이냐"며 요셉의 꿈을 '왕의 꿈'이라고 명명한다.

두 번째 꿈은 "해와 달과 열한 별이 내게 절하더이다"(9). 요셉은 가족의 길과 진리의 기준이 되겠다는 것이다. 곧 요셉의 삶은 "내가 곧 길이요 진리요 생명이니 나로 말미암지 않고는 아버지께로 올 자가 없느니라"(요14:6) 하신 예수님을 예표한 삶이다.

야곱이 요셉을 불러 세겜에서 양들을 돌보는 형들의 안부를 묻고 오라고 심부름을 시킨다(창37:12-14). 아버지의 샬롬을 형들에게 전해주라는 것이다. 하나님께서 아브라함과 한 약속의 내용은 '하나님 아버지의 샬롬을 하나님이 선택한 그의 자녀들에 전하는 것'이다(창12:3). "너를 축복하는 사람에게는 내가 복을 베풀고, 너를 저주하는 사람에게는 내가 저주를 내릴 것이다. 땅에 사는 모든 민족이 너로 말미암아 복을 받을 것이다"

지금 야곱의 가족이 사는 곳은 헤브론인데, 그의 아들들은 세겜 땅에서 양을 치고 있었다. 헤브론은 출애굽 과정에서 12 정탐꾼이 정탐한 땅이다. 그들은 사십 일 동안 그 땅을 정탐했으나 그들의 보고는 10대 2로 달랐다(민13-14장).

먼저, 갈렙과 여호수아는 "과연 그 땅은 젖과 꿀이 흐르는 땅입니다. 이것은 그 땅의 과일입니다. 그 땅 거주민은 강하고 성읍은 견고하고 심히 클 뿐 아니라 거기서 아낙 자손을 보았습니다. 그러나 우리는 능히 이길 수 있습니다. 즉시 올라가서 그 땅을 취합시다."라고 했다.

그러나 다른 10명은 약속의 땅을 악평하며 말했다. "우리는 그 백성을 치지 못합니다. 그들은 우리보다 강합니다. 그 땅은 그 거주민을 삼키는 땅입니다. 거기서 우리는 네피림 거인들을 보았습니다. 우리가 보기에도 우리는 메뚜기 같은데, 그들이 보기에도 그랬을 것입니다". 이들의 말을 들은 백성은 두려워 떨고 모세를 원망했다.

여호수아와 갈렙이 자기들의 옷을 찢으며 이스라엘 백성에게 말했다(민14장). "우리가 정탐한 땅은 아름다운 땅입니다. 여호와께서 그 땅을 우리에게 주실 것입니다. 그 땅은 젖과 꿀이 흐르는 땅입니다. 제발 여호와를 거역하지 마십시오. 그 땅 백성을 두려워하지 마십시오. 그들의 보호자는 그들에게서 떠났습니다. 그러나 여호와는 우리와 함께하시니, 그들을 두려워하지 마십시오."

그러자 온 회중이 이 두 사람을 돌로 치려 할 때, 여호와의 영광이 회막에서 이스라엘 모든 자손에게 나타나 믿음 없는 저들을 훈계하신 후 모세를 통해 "그러나 내 종 갈렙은 그 마음이 그들과 달라서 나를 온전히 따랐은즉 그가 갔던 땅으로 내가 그를 인도하여 들이리니 그의 자손이 그 땅을 차지하리라(민14:24)"라며 갈렙 자손에게 헤브론 땅을 약속해 주셨다.

그러나 긴 가나안 정복 전쟁 중에서도 헤브론 땅은 정복되지 못했다. 여호수아가 가나안 정복 전쟁의 종결을 선언하고 기업을 분배하려고 백성에게 말하는 중에 85세의 노 장군 갈렙이 말했다(수 14:12-14).

"그날에 여호와께서 말씀하신 이 산지를 지금 내게 주소서 당신도 그날에 들으셨거니와 그곳에는 아낙 사람이 있고 그 성읍들은 크고 견고할지라도 여호와께서 나와 함께하시면 내가 여호와께서 말씀하신 대로 그들을 쫓아내리이다". 그러자 여호수아가 갈렙을 위하여 축복하고 헤브론을 그에게 주어 기업으로 삼게 한 땅이 헤브론이다.

야곱은 세상의 큰 부와 소유를 이끌고 헤브론으로 돌아왔지만, 세상의 소유가 약속의 땅 헤브론에서 그의 가정의 일용할 양식을 책임져 주지 못했다. 그래서 그의 열 아들은 80km 떨어진 세겜까지 가서 양을 치고 있었다.

세겜은 당대 문명이 발달 된 곳이었다. 야곱이 가족을 이끌고 가나안으로 돌아오는 길에 잠시 세겜에 머물 때, 딸 디나가 히위족속 하몰의 아들 세겜에게 성폭행을 당했다. 그때 디나의 오빠 시므온과 레위가 속임수를 써서 칼을 가지고 가서 성을 습격하여 히위족속 모든 남자를 죽여버린 사건이 있었다(창34장).

이 일로 야곱의 집안과 세겜은 원수지간이 되었다. 그런데 열 아들이 그 세겜까지 가서 양을 치고 있어서 아버지 야곱의 마음에는 샬롬이 없었다. 이 샬롬의 문제를 해결하기 위해 독생자 같은 요셉을 세겜으로 보내기로 한 것이다. 그러므로 요셉의 순종은 아버지의 샬롬을 세상에서 일용할 양식을 구하는 형제들에게 전하는 것이다. 모든 약속의 자녀들 순종에는 샬롬이 있어야 한다.

둘째. 순종은 낯선 길을 연장해 가는 지혜이고 담대함이다 (창37:15-16).

순종은 깨달은 후에 하는 것이 아니다. 순종은 낯선 길을 가면서 깨닫고 배우고 성숙해 가는 길이다. 헤브론에서 세겜까지 약 80km다. 요셉은 그 낯선 길을 홀로 갔다. 죄인은 낯선 길을 가야 하는 이유를 깨닫게 해주면 순종할 수 있을 줄로 안다. 그러나 죄인은 깨달아도 깨닫는 대로 살 힘이 없다.

샬롬은 아버지의 형상을 닮은 인격체인 형제들에게 전하는 것이다. 요셉이 홀로 80km의 낯선 길을 걸어갔는데, 그곳에 있어야 할 형들이 보이지 않았다. 약속된 장소에 갔을지라도 형들을 만나지 못해 샬롬을 전하지 못하면 순종은 자동 연장되어야 한다. 순종의 대상이 있다는 장소에 가는 것이 순종이 아니다. 어리석은 자들은 순종의 장소에 가는 것이 순종인 줄로 안다. 그래서 순종을 거기에서 멈추려 한다.

순종은 낯선 길을 홀로 가는 것뿐 아니라, 연장해 가는 것이다. 거룩한 순종은 주님 오시는 날까지, 내가 주 앞에 가는 날까지 연장해 가야 하는 사명이다. 요셉은 그 두려움의 땅, 세겜에서 형들의 소식을 물었다. 한 사람이 말했다. "그들이 여기서 떠났느니라 내가 그들의 말을 들으니 도단으로 가자 하더라 하니라 요셉이 그의 형들의 뒤를 따라가서 도단에서 그들을 만나니라(17)" 세겜에서 도단까지는 약 20km다. 요셉은 다시 20km를 간다.

요셉은 홀로 낯선 광야를 걸으면서도 두려워하지 않았다. 순종의 대상에 대해 믿음이 있었기 때문이다. 아버지는 내가 샬롬을 전하는 순종의 길을 갈 때, 나를 위험과 두려움 속에 홀로 버려두는 분이 아니라는 믿음과 확신이 있었다.

우리 순종의 유일한 대상이신 여호와 하나님께서 우리에게 순종을 명령할 때는 우리의 생명에 대한 보장과 그 순종의 길에 필요한 것을 책임져 주신다는 것이 전제되어 있다. 하나님은 샬롬을 가지고 가는 순종자에게 지혜와 강함과 담대함을 주신다.

성도에게 세상은 순종의 여정이다. 하나님께서 주신 지혜와 강하고 담대함 속에 세상 순종의 여정에 필요한 모든 것이 다 들어있다. 순종 가운데 책임져야 할 생명들에게 필요한 일용할 양식부터 시작해, 가야 할 길과 가치 기준이 되어야 할 진리까지 하나도 빠짐없이 다 들어있다. 그래서 순종을 명령받는 것이 은혜이고 축복이다. 그 힘으로 순종자는 낯선 길에서도 생명들의 샬롬을 지켜줄 수 있다. 순종의 길에서 만나는 낯섦은 감당해야 할 시험이지 불순종의 이유가 될 수 없다(고전10:13). 감당할 수 없는 시험은 거룩한 고난이 아니다.

하나님께서 인도하시는 거룩한 만남은 순종의 꼭짓점에 있다(창 37:17). 거룩한 만남은 나의 순종을 연장하도록 해준다. 나로 순종의 길을 중단하게 하는 것은 유혹이다. 순종의 길에서 만나는 거룩한 만남이 합력하여 하나님의 선을 이루는 은혜가 된다. 설령 나를 팔고 죽이려 하는 만남일지라도 그 만남이 순종의 길에 있었다면, 거기에는 내가 깨닫고 배워 다음을 준비할 지혜가 숨겨져 있으니 강하고 담대해야 한다.

순종이 닫힌 문을 여는 열쇠다. 지난 순종의 과정이 성실한 사람은 순종의 목표지점에서 무슨 상황을 만나든지 담대하다. 요셉이 홀로 헤브론에서 세겜으로, 세겜에서 도단까지 먼 낯선 길을 왔다고 순종이 완성된 것이 아니었다. 샬롬을 받아야 할 자가 샬롬을 거절할 뿐 아니라 아버지가 보낸 자를 팔아버린다. 그들이 아버지의 샬롬을 자연스럽게 받아들일 때까지 요셉은 순종을 연장해야 했다. 하나님은 순종을 연장해 가는 요셉과 함께 계셨다.

셋째. 순종은 그를 품은 자의 형통과 샬롬을 지켜주는 것이다(창 39:19-21).

요셉은 샬롬의 대상인 그의 형들에 의해 이스마엘 상인에게 팔리고 다시 바로의 경호 대장 보디발에게 팔려갔다. 요셉의 주인 보디발이 여호와께서 요셉과 함께하심을 보며 또 여호와께서 요셉의 범사에 형통케 하심을 보았다(창39:3). 그리고 보디발이 요셉의 하나님을 찬양한다.

여기에 형통과 간증의 의미가 있다. 샬롬을 전하러 가는 나의 삶은 여전히 그대로일 수 있다. 하지만 샬롬을 가진 나와 함께 있는 자가 먼저 잘되는 것이 형통이다. 간증이란 샬롬을 가진 나를 품어서 형통케 된 그가 나의 순종의 대상인 여호와 하나님의 이름을 찬양하는 것이다.

한국교회가 회복해야 할 형통과 간증이 이것이다. 인간의 몸으로 오신 예수님을 영접하는 것이 우리의 형통이고 다른 사람에게 복음을 전하여 영접하게 하는 일이 다른 자를 형통하게 하는 일이다. 하나님은 예수님 때문에 우리를 형통하게 하셨으니, 그 예수의 이름을 찬양하고 자랑해야 한다. 우리가 복의 근원이 되어 세상을 평화롭게 하면 세상이 우리 하나님의 이름을 찬양한다. 약속의 자녀답게 복의 근원, 즉 복음을 가진 자로 살아야 한다.

요셉은 보디발의 집을 형통하게 했으나 그에 대한 보상은 주인의 아내를 탐했다는 지저분한 누명이었다. 그러나 요셉은 아무런 변명 없이 감옥으로 갔다. 자신의 누명을 벗으려 하면 보디발의 집은 평안을 잃기 때문이다. 순종의 사람, 샬롬의 사람은 누군가의 샬롬을 지켜주기 위해 억울한 누명도 감당해야 할 때가 있다. 순종자는 누명을 쓸지라도 잠잠해야 한다.

누명을 쓰고도 샬롬을 위해 침묵해야 하는 것이 순종자가 당하는 고난이다. 우리의 샬롬과 평안을 지켜주기 위해서 하나님의 독생자 예수님이 그러셨다. 순종자는 나의 꿈이 아닌 누군가의 꿈을 위해 사는 자이기 때문이다. 그러는 가운데 순종한 자의 꿈도 이루어진다.

죄수 요셉에게 바로의 꿈을 위해 순종하는 삶이 주어졌다. 순종의 연장선에 있는 거룩한 만남, 합력하여 선을 이루는 만남이었다. 요셉은 지난 순종의 삶을 통해 생명을 살리는 것은 하나님이 주신 풍성함을 정직하게 관리하고 공정하게 분배하는 것이라는 진리를 깨달았다.

애굽의 풍년 7년을 공정 관리해서 세계적인 기근에 처한 인류를 구원하게 된다. 하나님은 풍성하신 분이시다. 기근은 죄인들이 자기 욕심을 채우려고 하나님의 풍성함을 공정 분배하지 못해서 일어난 인재다.

바로의 꿈을 위해 순종하는 가운데 요셉의 꿈과 아버지의 샬롬을 전하는 순종도 완성된다. 순종이 완성되려면 용서라는 필수 과목에 담긴 사랑을 깨달아야 했다. 순종의 힘은 용서하는 힘이고(창

45:4-5), 내 사랑의 부족함을 회개하는 힘이다(창50:15-21). 이런 힘은 샬롬을 가지고 생명을 향해 가는 순종의 꼭짓점에서만 나타난다. 거룩한 지혜와 강함과 담대함은 그 사랑을 실천하는 자에게 주어진다. 하나님을 아는 것이 지혜의 근본이고 하나님만이 인간이 믿음으로 순종해야 할 유일한 분이기 때문이다.

샬롬을 전하는 순종의 꼭짓점에는 용서를 가능케 하는 사랑이 있다. 그래서 나에게 순종을 바치는 자가 순종의 유일한 대상이신 여호와 하나님께 순종하는 자가 되게 한다. 순종으로 순종을 가르치는 것이 최고의 리더십이고 진정한 복음의 의미다. 순종의 증표는 샬롬이다. 성도는 주 앞에 갈 때 형제의 평안을 가지고 가야 한다. 하늘나라 입장표에는 '형제의 샬롬'이라 쓰여 있을 것이다.

5.
모세의 순종

(출3:18) 찬송 266장 "주의 피로 이룬 샘물"

'모세'라는 이름에는 '물에서 건져낸 아이'라는 의미가 있다. 이 이름은 모세의 양모인 바로의 공주가 지어준 것이다.

첫째. 모세의 순종은 인간은 거역이 절대 불가능한 하나님의 불가항력의 은혜 안에 있는 순종이다(출1장).

하나님의 섭리는 창세 전에 선택하시기로 예정하시고 부르셔서 하나님의 뜻대로 인도해 가시는 하나님의 역사다. 불가항력이란 인간의 지혜나 의지, 노력과 열정으로는 바꿀 수 없다. 불가항력의 은혜는 받는 자가 싫다고 거역할 수 없는 은혜다. 내 의사와 관계 없이 받아야만 하는 은혜다.

불가항력의 순종 역시 불순종하려고 아무리 발버둥 쳐도 피해

도망칠 수 없는 순종이다. 예수 그리스도의 십자가와 부활을 믿는 성도의 순종이 바로 이런 순종이다. 모세의 순종뿐 아니라 우리의 순종 또한 불가항력적이란 사실을 깨닫는 것이 순종의 사람이 되는 비결이다.

불가항력적인 순종의 대상에게 불순종하려는 것이 어리석음이다. 하나님께서 순종하라고 지목하신 자에게 거역할 수 없다. 하나님께서 지정하신 순종의 대상은 영과 육의 부모님이다. 어리석은 자는 하나님 아버지와 육신의 부모에게 불순종한다. 죄는 그게 가능할 것처럼 유혹한다. 그 유혹이 우리의 평안과 기쁨을 빼앗아 간다.

가나안까지 덮친 식량 펜데믹, 일용할 양식의 기근을 만난 야곱의 가족 75명 (행7:14)이 죽은 줄 알았던 아들 요셉의 초청을 받고 애굽으로 내려갔다. 이들은 애굽 땅에서 요셉의 가족 4명과 함께 생육하고 번성하였고 매우 강하여 온 땅에 가득하게 되었다.

요셉을 알지 못하는 새 왕은 이렇게 번성한 이스라엘 자손에게 두려움을 느끼고 이스라엘 위에 감독들을 세우고 그들에게 무거운 짐을 지워 더욱 괴롭게 하려고 국고성 비돔과 라암셋을 건축하게 한다.

그러나 이스라엘 백성은 학대를 받을수록 더욱 번성했다. 그러자 애굽 왕은 히브리 산파 십브라와 부아에게 명령해 히브리 여인들이 해산할 때 아들이면 죽이고 딸이거든 살려두라고 했다. 산파들이 하나님을 두려워하여 애굽 왕의 명령을 어긴다. 그러자 바로가 그의 모든 백성에게 명령하여 아들이 태어나면 나일강에 던지고 딸이면 살려두라고 남자아이들 살인 명령을 내린다.

모세는 이런 살인 명령이 내려진 가운데 태어났다. 모든 사람이 불순종의 대상인 바로에게 절대 순종해야 하는 시대다. 바로의 명령에 저항하는 것이 불가항력적일 때다. 모세는 부모의 목숨을 건 헌신으로 얼마 동안 몰래 양육했으나 더는 숨길 수 없게 되자 나일강에 던져졌다. 어린 모세의 생명을 그를 낳은 부모도 지켜 줄 수 없었고 이웃들도 지켜 줄 수 없었다. 그의 생은 아무런 희망이 없어 보였다. 하지만 모세의 삶에는 하나님의 섭리가 있었다.

둘째. 불가항력의 순종은 인간의 모든 불가능 가운데서 시작된다
(출2장)

하나님께서 예정하시고 준비하신 불가항력적인 순종의 은혜는 인간의 힘으로는 아무것도 할 수 없는 상황 속에서 출발한다. 하나님의 섭리는 인간의 생각으로는 도무지 희망을 찾을 수 없는 곳에서 시작된다. 절망의 바닥을 헤맨다는 것은 하나님의 기적을 경험할 기회다.

모든 부모에게 자녀는 다 잘생기고 귀엽고 예쁘지만 모세는 남다르게 잘 생겼다고 했다. 그의 부모는 석 달 동안 숨겨 키우다가 더는 숨길 수 없게 되자 역청과 나뭇진을 칠한 갈대 상자에 모세를

담아 나일강 갈대 사이에 놓아둔다.

마침 목욕하러 나일강으로 내려온 바로의 딸이 갈대 상자 속의 모세를 보고 불쌍히 여겨 히브리 사람의 아기임을 알면서도 그를 데려가 양자로 삼고 그의 생명을 지켜주었다. 더욱이 모세를 갈대 사이에 두고 이를 지켜보던 모세의 누이가 지혜를 발휘해 친어미의 젖을 먹으며 자라는 은혜를 입었다.

세상에서는 불의에 불가항력적으로 굴복해야 하는 상황에 이르면 더는 희망이 없다고 생각한다. 그러나 하나님께서 우리를 그런 상황으로 몰아가는 것은 오직 하나님 자신만이 가능한 일을 준비해 두셨기 때문이다.

하나님께서 예정하시고 준비하신 순종으로 이끌어 가시기 위해 우리를 불가항력적인 상황에 던져 넣으신 것이다. 하나님께서 이스라엘 백성을 애굽에서 구원해 약속의 땅으로 인도해 갈 자로 선택한 모세를 인간의 힘으로는 지켜 줄 수 없는 불가능한 상황으로 집어넣으셨다.

하나님의 구원의 은혜를 인류에게 보여주시기 위함이다. 죄인에게 필요한 은혜는 죄인의 노력과 힘으로 가능한 은혜가 아니다. 어떠한 노력에도 불가능한 상황에서 이루어지는 은혜다. 우리의 구원은 바로 여기에서 시작된다. 하나님께서 모세를 위해 준비하신 은혜는 세상의 그 어떤 힘보다 안전하게 모세의 생명을 보호하고 최고의 환경에서 양육하는 힘이었다.

셋째. 불가항력적인 순종의 길로 부르심도 평범한 일상 중에 있었다 (출3).

모세가 하루는 고되게 노동하는 히브리 사람, 곧 자기 형제를 애굽 사람이 때리는 것을 보고 주변을 살펴 사람이 없자, 그 애굽 사람을 쳐 죽여 모래 속에 감추어 버린다. 다음날은 두 히브리 사람이 싸우는 것을 보고 잘못한 사람에게 왜 같은 동포를 치느냐 하고 충고한다.

그는 모세에게 네가 우리의 재판관이냐, 하며 네가 어제 애굽 사람을 죽인 것처럼 나도 죽이려고 하느냐며 대든다. 모세가 일이 탄로 난 것을 알게 된다. 바로도 이 사실을 듣고 모세를 죽이려고 찾자 모세가 바로의 낯을 피하여 미디안 광야로 도망쳤다.

모세가 의분을 참지 못해 사람을 죽이고 미디안 광야로 도망갈 때도 하나님께서는 예비하신 순종의 길로 이끄셨다. 모세는 광야에서 미디안 제사장의 딸과 결혼해 장인의 양 떼를 치며 살았다. 언뜻 보기에는 희망 없는 도망자의 삶처럼 보였지만 그 또한 하나님께서 섭리하시는 은혜의 길이었다.

앞으로 모세가 가야 할 순종의 길을 미리 경험하여 익숙하게 하신 것이다. 모세는 장인의 양 떼를 돌보는 이 길을 따라 그의 백성을 이끌고 가나안으로 가야 하기 때문이다. 내가 지금 가는 길이 하나님께 순종해서 가는 낯선 길이라면 이 길은 누군가를 구원으로 인도하는 길이다. 순종의 사람에게는 삶의 모든 순간순간이 순종을 위한 것임을 알아야 한다. 순종이 성실한 삶을 보장한다.

여러 해 후 애굽의 왕위가 바뀌자 이스라엘 자손은 더욱 고된 노동으로 말미암아 하나님께 탄식하며 부르짖는다. 하나님이 그들의 고통 소리를 들으시고 아브라함과 이삭과 야곱에게 세운 그의 언약을 기억하시고 한 사람을 찾아 부르신다. 바로 순종으로 단련시킨 순종의 사람, 모세다.

하나님은 모세가 삶의 지정석에서 그의 장인 미디안 제사장 이드로의 양 떼를 칠 때 그를 부르셨다.

"모세야 모세야. 나는 네 조상 아브라함의 하나님, 이삭의 하나님, 야곱의 하나님이니라. 이제 가라, 이스라엘 자손의 부르짖음이 내게 달하고 애굽 사람이 그들을 괴롭히는 학대도 내가 보았으니 이제 내가 너를 바로에게 보내어 너에게 내 백성 이스라엘 자손을 애굽에서 인도하여 내게 하리라. 내가 반드시 너와 함께 있으리라 네가 그 백성을 애굽에서 인도하여 낸 후에 너희가 이 산에서 하나님을 섬기리니 이것이 내가 너를 보낸 증거니라. 그들이 네 말을 들으리니 너는 그들의 장로들과 함께 애굽 왕에게 이르기를 히브리 사람의 하나님 여호와께서 우리에게 임하셨은즉 우리가 우리 하나님 여호와께 제사를 드리려 하오니 사흘길쯤 광야로 가도록 허락하소서 하라"

하나님께서 예비하신 길에 순종하게 하려고 준비된 순종의 사람을 부르신 곳은 그의 평범한 일상 가운데였다. 모세는 장인의 양 떼를 40년째 치며 처가살이를 했지만, 그는 아직 자기 양 떼가 없었다. 모세는 그에게 주어진 삶에 성실하게 순종하고 있었다.

어리석은 자는 특별한 사역에 부르실 때 특별한 과정이 있는 줄로 안다. 그래서 위선적인 사람, 교만한 사람은 스스로 특별한 계획을 세우고 연출해서 자기의 소명이 특별한 것처럼 자랑한다. 이런 엉터리 말에 현혹되는 어리석은 자도 있다. 우리가 순종 시리즈를 묵상해 가면서 꼭 기억해야 할 한 가지는 하나님의 부르심은 성실한 삶 가운데 있다는 것이다.

하나님의 불가항력적인 부르심에 순종한다는 것은 하나님의 백성을 하나님께서 지정하신 예배의 장소까지 사흘 길을 인도해 가는 것이다. 이 일을 위해 하나님은 모세를 불가항력적인 순종으로 몰아넣어 그의 모든 가능성을 다 포기하게 하셨다. 창조주요 구원의 하나님을 예배하는 것은 나의 자랑이 하나도 없는 순종의 제사이기 때문이다. 죄인은 순종을 통해서만 자신의 의지와 노력, 열심, 지식, 교만과 자랑을 부정당한다. 순종 없는 자아 부정은 위선이다.

우리가 믿음의 길에서 한 번도 생각해 보지 않은 환경 속으로 던져질지라도 낙심하지 말아야 하는 이유는 그 속에 불가항력적인 순종으로 이끄시는 하나님의 부르심이 있기 때문이다. 그 길이 곧 하나님께서 예정하시고 준비하신 길로 이어지는 순종의 길이기 때문이다.

모세가 낯선 환경이지만 삶의 지정석에 순종하며 살고 있을 때, 하나님께서 모세를 부르신 것처럼, 우리에게 주어진 현재 삶의 지정석에서 충성할 때 하나님은 우리를 그의 불가항력적인 은혜가 있는 순종의 길로 부르실 것이다. 그리고 그 순종의 현장과 경험을 통해 주의 백성을 사흘 길을 인도해 하나님 앞에 예배하는 자로 설 수 있도록 우리를 순종하게 하실 것이다.

6.
갈렙의 순종

(신1:36) 찬송 "이 산지를 내게 주소서"

자기 소견에 옳은 대로 행하는 사람들은 제대로 순종할 수 없다. '순종'이란 자기가 원하는 때에, 자기가 원하는 방식으로, 자기가 원하는 일을, 자기가 원하는 만큼 하는 것이 아니다.

자기가 원하지 않는 때, 자기가 원하지 않는 방식, 자기가 원하지 않는 일일지라도 그것이 하나님의 뜻이라면 따르는 것이 '순종'이다. 갈렙은 여호와를 온전하게 좇았고(수14:14), 온전하게 따른 사람이어서(민32:12) 갈렙의 순종을 온전한 순종이라고 한다.

갈렙은 이방인으로 출발했으나 그가 보여준 온전한 순종은 구원의 은혜를 받은 모든 자의 기준이 되는 순종을 한다(출12:48-51). 갈렙은 에서의 후손이다(창36:11,15). 이들은 애굽에 종살이하던 이스라엘 백성 가운데 함께 거하다 출애굽 때 함께 따라 나온 이방인이다(출 12:48-51). 이들 모든 남자는 출애굽의 조건이었던 여호와의 유월절을 지키기 위해 다 할례를 받았다. 이로 인해 이스라엘 민족과 같이 출애 굽 구원의 은혜를 받은 자들이다.

갈렙은 모세가 가데스 바네아에서 열두 정탐꾼을 보낼 때 유다 지파의 대표가 된다. 그뿐 아니라 출애굽 1세대 가운데서는 요셉 지파의 여호수아와 갈렙만이 약속의 땅, 가나안에 들어가는 특별 한 은혜도 받는다. 그리고 모두가 제비를 뽑아 자기 기업을 분배받 았는데, 갈렙은 제비를 뽑지 않고 그의 신앙고백으로 그의 기업이 결정됐다.

히브리어로 갈렙은 '공격자, 종, 노예'라는 뜻이 있다. 당시에는 '개'라는 의미로 사용되던 단어다. 갈렙의 아버지는 '하나님이 돌이 키기를 원하노라'라는 뜻을 가진 '여분네'다(민13:6). 갈렙의 할아버 지는 자식 때에는 하나님께서 이스라엘의 불순종과 불신으로 인한 진노에서 돌이키시기를 원하여 아들 이름을 여분네라고 지었을 것 이고, 여분네는 자기 자식들은 하나님을 주인으로 삼은 종, 개처럼 살라는 의미로 아들 이름을 '개'라는 의미로 불리는 갈렙으로 지었 을 것이다.

그래서인지 갈렙은 평생을 주인에게 충성하는 개처럼 우직하게 하나님만을 위해 살았다. 이런 갈렙에게 하나님은 '오직 내 종 갈렙은 그 마음이 그들과 달라서 나를 온전히 좇았다'라고 말씀하시고 출애굽 했던 모든 사람이 광야에서 다 죽어야 했음에도 가나안에 들어갈 특권을 주셨다.

이스라엘 백성 중 여호수아와 갈렙, 두 사람 빼고는 모두 모세를 배신했다. 심지어 모세의 누나 미리암과 형 아론도 모세를 비방할 때가 있었다. 갈렙은 끝까지 모세 편에서 순종했다. 동년배인 여호수아가 지도자가 되었을 때도 질투하지 않았다. 자신은 개였고 주인은 하나님이신 걸 알았기 때문이다.

하나님은 이방인으로 구원의 은혜를 받은 갈렙의 순종을 이렇게 축복한다. '이 악한 세대 사람들 중에는 내가 그들의 조상에게 주기로 맹세한 좋은 땅을 볼 자가 하나도 없으리라. 오직 여분네의 아들 갈렙은 온전히 여호와께 순종하였은즉 그는 그것을 볼 것이요 그가 밟은 땅을 내가 그와 그의 자손에게 주리라'(신1:35-36). 유다 지파를 통해 세상에 오신 메시아, 예수님을 만난 가나안 여인은 '개들도 제 주인의 상에서 떨어지는 부스러기를 먹나이다(마15:27)'라는 고백으로 구원을 받는다. 이 여인의 고백이 성도가 사모하는 은혜가 되어야 한다.

첫째. 갈렙의 온전한 순종은 하나님의 약속의 관점으로 사명을 이해하고 실천하는 순종이다(민13:30-33).

나의 순종이 온전한 순종이 되려면 나의 순종에 다른 조건이 개

입되지 않아야 한다. 바울은 '너희 자신을 종으로 내주어 누구에게 순종하든지 그 순종함을 받는 자의 종이 되는 줄을 너희가 알지 못하느냐 혹은 죄의 종으로 사망에 이르고 혹은 순종의 종으로 의에 이르느니라'(롬6:16). 내가 순종하는 대상의 종이 된다고 했다.

출애굽 한 이스라엘 민족이 호렙산을 떠나 크고 두려운 광야를 지나 아모리 족속의 산지 길로 가데스 바네아에 이를 때다. 모세는 백성에게 '하나님 여호와께서 이 땅을 너희 앞에 두셨으니 여호와께서 너희에게 이르신 대로 올라가서 차지하라 두려워하지 말라 주저하지 말라'고 했다.

그러나 백성은 모세에게 '땅을 탐지할 사람들을 먼저 보내, 우리가 올라갈 길과 우리가 쳐들어갈 성읍들이 어떠한지, 그 땅을 정찰하여 우리에게 보고하게 하자'고 한다. 모세가 그 말을 좋게 여겨 각 지파의 족장들 12명을 에스골 골짜기로 보내 그곳을 정탐하고 그 땅의 열매를 가지고 돌아오라고 한다.

정탐꾼이 사십 일 동안 그 땅을 정탐하고 돌아와 모세와 아론, 이스라엘 자손의 온 회중에 보고한다. "과연 그 땅에는 젖과 꿀이 흐르는데 이것은 그 땅의 과일입니다"하고 두 사람이 막대기에 꿰어 메고 가는 포도송이와 석류와 무화과를 보여준다. "그 땅 거주민은 강하고 성읍은 견고하고 심히 클 뿐 아니라 거기서 아낙 자손을 보았습니다. 아말렉인은 남방 땅에 거주하고 헷인과 여부스인과 아모리인은 산지에 거주하고 가나안인은 해변과 요단 가에 거주하고 있었습니다" 현지 상황에 관한 보고는 12명이 모두 같았다.

그러나 순종을 두고는 10대 2로 나누어졌다. 먼저 갈렙이 모세 앞에서 백성을 조용하게 하고 말했다. "우리가 즉시 올라가서 그 땅을 취합시다. 우리는 능히 이길 수 있습니다" 그러자 함께 올라갔던 다른 10명이 약속의 땅을 악평하며 말한다. "아닙니다. 우리는 절대 올라가서 그 백성을 치지 못합니다. 그들은 우리보다 강합니다. 그 땅은 그 거주민을 삼키는 땅이고, 그곳에 사는 모든 백성은 거인 네피림 후손인 아낙 자손입니다. 우리가 보기에도 우리는 메뚜기 같은데 그들이 보기에도 그와 같았을 것입니다" 이들의 말을 들은 온 회중이 소리 높여 아우성치고 백성은 밤새도록 통곡하며 모세와 아론을 원망한다.

순종에는 보이는 세력을 극복하는 용기와 인내가 필요하다. 모두가 불순종과 동맹해 위협할지라도 순종을 호소할 수 있는 용기가 있어야 한다. 그때 눈의 아들 여호수아와 여분네의 아들 갈렙이 자신들의 옷을 찢으며 말했다. "우리가 두루 정탐한 그 땅은 매우 좋은 땅입니다. 여호와께서 우리를 사랑하신다면, 그 땅으로 우리를 인도하실 것입니다. 젖과 꿀이 흐르는 그 땅을 우리에게 주실 것입니다. 다만 여러분은 여호와를 거역하지만 마십시오. 그 땅 백성을 두려워하지 마십시오. 그들은 우리의 밥입니다. 그들의 보호자는 그들에게서 떠났고 여호와는 우리와 함께하시니 그들을 두려워하지 마십시오" 그러자 백성들이 돌을 들어 두 사람을 쳐 죽이려고 했다.

그때 여호와께서 영광 가운데 나타나 모세에게 말했다. "내가 애굽과 광야에서 보여 준 이적을 보고도, 열 번이나 거듭 나를 시험하고 내 말에 순종하지 않는 사람, 나를 멸시한 사람들은 조상들에게 주기로 맹세한 그 땅을 못 볼 것이다. 그러나 나의 종 갈렙은 그마음이 남과 다르고, 전적으로 나를 따랐으므로, 나는, 그가 다녀온 그 땅으로 그를 데리고 가겠고, 그의 자손은 그 땅을 유산으로 받을 것이다(민14:24)."

온전한 순종은 '성실한 마음'으로 약속의 땅을 보는 것이다(수14:7). '성실한 마음'이란 하나님께서 약속하신 말씀의 관점으로 본다는 말이다. 여호수아와 갈렙은 여호와가 약속하신 관점으로 약속의 땅을 정탐했다. 모세에게 붙은 별명이 '온유한 자'라면 갈렙에게 붙여진 은혜의 이름은 '온전한 자'다(수14:7-9, 14, 민14:24).

나의 순종이 온전한 순종이 되려면 하나님의 약속에 대한 바른 이해와 약속의 말씀이 세계관의 중심과 기준이 되어야 한다. 하나님의 약속을 믿지 않는 자는 하나님의 뜻에 순종할 수 없다. 하나님을 진심으로 바르게 믿을 때 그의 뜻에 순종할 수 있다.

다른 열 명은 하나님의 마음으로 보지 않고 자기 마음이 원하는 대로 보았다. 순종하되 인간적인 계산이 더해지고 세상의 방법이 포함된 순종이다. 이런 순종은 순종의 모양은 같으나 항상 순종의 경계에 미치지 못하거나 순종의 범위를 넘어간 순종을 한다. 열 명

중 혹 어떤 사람은 믿음의 눈으로 보았지만 분노하며 돌을 들어 치려는 백성이 두려워 믿음에 따른 성실한 보고를 하지 않았는지도 모른다.

둘째. 온전한 순종은 하나님의 약속을 잊지 않고 기회가 주어질 때 지도자에게 그 약속을 지켜 달라고 요구하는 강하고 담대한 순종이다(수14:6-12).

갈렙은 45년 전 가나안 땅 헤브론을 정탐한 후에 하나님이 약속해 주신 말씀을 늘 기억하며 살았다. 가나안 정복 전쟁이 종료되었다고(수11:23) 땅을 분배하는 자리에서 갈렙이 일어나 여호수아에게 말했다. "여호와께서 가데스 바네아에서 나와 당신에게 대하여 하나님의 사람 모세에게 이르신 일을 당신이 아시지요? 내 나이 사십 세에 이 땅을 정탐한 후 나와 함께 올라갔던 형제들은 백성의 간담을 녹게 하였으나 나는 내 하나님 여호와께 충성하였으므로 내가 성실한 마음으로 보고했습니다. 그 날에 모세가 맹세하여 이르되 네가 내 하나님 여호와께 충성하였은즉 네 발로 밟는 땅은 영원히 너와 네 자손의 기업이 되리라, 했습니다. 그때부터 45년 동안 여호와께서는 말씀하신 대로 나를 생존하게 하셨습니다. 오늘 내가 85세이지만 나는 여전히 강건하니 내 힘이 그때나 지금이나 같아 싸움을 감당할 수 있습니다. 그 날 여호와께서 말씀하신 이 산지를 지금 내게 주소서. 여호와께서 혹시 나와 함께하시면 내가 필경 여호와의 말씀 하신 대로 그들을 쫓아내리이다"(수14:6-12).
갈렙은 하나님의 약속을 근거로 그 약속을 지켜달라고 여호수아를
압박했다.

사실 그동안 유다 지파는 모든 전쟁에 앞장섰고, 갈렙은 그 선봉
에서 세운 공만 가지고도 먼저 제비를 뽑아 기업을 분배받아도 아
무도 불평할 수 없다. 그런데 갈렙은 아직 남은 전쟁이 있고 그 전
쟁은 자기 몫이라고 한다. 지금까지 자기가 싸워 빼앗은 땅들에는
관심이 없었다. 하나님께서 약속하신 땅이 정복되지 않은 것은 온
전한 승리가 아니다. 사명자는 이룬 업적으로 만족하지 않고 하나
님의 뜻이 이루어진 것에 만족해야 한다.

당시 갈렙에게 약속한 헤브론 땅에는 거인족의 후손인 아낙 족
속이 살고 있었다. 그곳이 정복되지 못한 것은 백성들이 열 명 정
탐꾼 중후군에 빠져 저들을 두려워했기 때문이다. 그런데 85세의
노장 갈렙이 그들을 쫓아내고, 하나님의 언약을 이루는 일에 앞장
서겠다고 나선 것이다. 갈렙의 지혜는 하나님의 약속을 45년 동안
잊지 않은 것이고 그의 성실한 마음은 강하고 담대함이다. 지혜와
강하고 담대함은 순종의 길에 있다. 순종은 하나님 약속의 관점으
로 세상을 보는 것이다.

셋째. 온전한 순종은 그의 순종을 자녀들에게 유산으로 물려주어 그의 후손들을 12지파의 온전한 순종의 본보기로 세우는 순종이다(삿1:11-13).

갈렙은 자기만 온전한 순종을 한 것이 아니다. 자기의 순종을 계속해 연장해 갈 자를 찾아 그의 가족을 순종의 가문으로 세웠다. 여호수아가 여호와께서 명령하신 대로 헤브론을 유다 자손 중에서 여분네의 아들 갈렙에게 주자 85세 노장 갈렙이 나아가 아낙의 소생, 세새와 아히만과 달매를 쫓아냈다. 그리고 '기럇 세벨'이라는 드빌을 쳐서 점령하는 자에게는 내 딸 악사를 아내로 주겠다고 백성들에게 약속한다(수15:13-16).

이에 '옷니엘'이 그 땅을 점령하고 갈렙은 자기 딸 악사를 그의 아내로 주었다(삿1:11-13). 이것이 사사기서의 출발이다. 사사기서는 유다 지파의 '불완전한 순종'에 대한 여러 가지 이야기를 하는 도중에, 갑자기 한 집안의 결혼 이야기가 나온다. 그게 온전한 순종자 갈렙의 순종에 이어지는 속편이다. 사사 시대는 자기 생각에 옳은 대로 행하는 시대였다(삿21:25).

갈렙은 자기에게 허락된 분깃을 넘어서지 않았다. 그가 정탐한 헤브론에서 진군을 멈췄다. 상처를 입거나 힘이 예전 같지 않아서가 아니다. 하나님께서 허락하신 약속의 범위를 넘지 않은 것이다. 갈렙은 자기가 싸워야 할 싸움의 범위를 정확하게 알았다. 그리고 나머지는 그의 가족들에게 순종해야 할 유산으로 물려주었다. 온전한 순종은 갈렙처럼 자기의 임무와 책임의 경계를 넘어서지 않는 순종이다. 갈렙은 다른 사람의 순종의 영역을 침범하지 않았다.

옷니엘이 갈렙의 약속을 믿고 그의 명령에 순종했을지라도 갈렙의 딸 '악사'의 순종이 없으면 순종의 가문은 세워지지 못한다. 만약 악사가 '아빠는 나하고 한마디 상의도 없이 이런 약속을 하다니요, 나는 못 해요' 하면 갈렙은 우스운 사람이 되고 그의 약속도 공수표가 된다. 이 약속을 믿고 목숨 걸고 싸웠던 옷니엘의 수고도 헛된 일이 되고 만다. 그러나 악사가 아버지의 뜻에 순종하므로 순종의 가문을 세우게 되었다.

지상에서 온전한 순종은 순종의 가문을 세우는 것이다. 사명은 어떤 상황에서도 하나님의 명령을 하나님의 관점으로 행하는 것이다. 이와 같은 온전한 순종에 하나님은 반드시 축복하신다(삿1:14-15). 갈렙이 옷니엘에게 약속한 대로 그의 딸을 주었듯이, 하나님 약속의 관점에서 명령을 이해하고 순종하는 자들에게 하나님은 반드시 당신의 약속을 지키신다.

갈렙은 하나님을 믿었고 하나님의 약속을 믿었고 하나님의 능력을 믿는 그 약속의 관점으로 세상을 보고 순종하는 자였다. 갈렙은 한 번도 반역적인 무리 속에 낀 적이 없었다. 약속의 말씀에 대한 확신이 있었기 때문이다.

7.
여호수아의 순종

(수11:15, 23, 13:1, 7). 찬송:347 "허락하신 새 땅에"

성경에 기록된 인물 중 하나님께서 귀히 쓰신 인물의 공통점은 순종이다. 노아는 방주를 지으라는 하나님의 명령에 순종해 그의 가족 8명을 구원했다. 아브라함은 본토 친척 아비 집을 떠나라는 하나님의 명령에 순종했고 100세에 낳은 아들 이삭을 제물로 바치라는 명령에 3일 길 되는 모리아 산에 올라갔다. 모세는 내 백성을 구하라는 명령을 받고 200만이 넘는 이스라엘 백성을 이끌고 하나님의 인도와 명령을 따라 출애굽 하여 홍해를 건너고 광야 길을 인도했다. 이들은 모두 하나님의 말씀에 순종했다는 공통점이 있다.

첫째. 여호수아의 순종은 그 1차 대상이 사람이었다(11:15).
여호수아는 하나님께 순종했던 모세의 명령에 순종했다. 여호수아와 갈렙부터 순종이 좀 더 공동체적으로 성숙해진다. 신앙생활에서 문제 대부분은 직통 계시를 받겠다고 하는 순간부터 시작된다. 여호수아는 모세의 명령을 하나님의 명령으로 알고 순종했다. 순종의 핵심은 그 대상이 누구냐이다. 순종은 그가 순종하는 대상에 따라 생명이 되기도 하고 죽음이 되기도 한다(롬16:16).

여호수아는 모세를 통해 전해 들은 여호와의 명령을 백성들과 지도자들에게 전달하고 그대로 준비시킨 것뿐이다. 여호수아가 모세를 이어 이스라엘의 지도자가 된 것은 결코 그가 이룩한 업적을 통해서가 아니다. 모세를 통해 주신 하나님의 말씀에 순종했기 때문이다. 하나님께서 여호수아를 높이신 것은 그의 위상을 높이기 위해서가 아니다. 하나님께 순종하는 자와 함께하신다는 것을 입증해주시기 위해서다.

여호수아는 모세의 삶과 믿음의 산증인이었다. 모세가 80세에 이스라엘 백성을 출애굽 해 나올 때 여호수아는 약 57세였고, 갈렙은 40세였다. 그렇다면 여호수아는 한참 예민한 십 대에 애굽 공주의 양아들 모세가 저지른 살인 사건과 그 배경 되는 음모와 권력다툼, 이를 피해 광야로 도망친 사건 경위에 대해 생생한 증인이다. 세상에서 보면 모세는 범죄자다.

여호수아는 그런 모세의 삶에서 모세가 하는 일은 생명을 살리는 일인 것을 믿고 확신했다. 모세가 광야에서 하나님의 부름을 받고 돌아와 이스라엘 백성을 이끌고 하나님께서 지정하신 공동체

예배의 지정석으로 가겠다고 바로와 대항하며 싸우는 것과 홍해를 건너 광야를 걷는 것이 오직 하나님 백성의 생명을 살리기 위함인 것을 배우고 깨달았기 때문이다.

여호수아가 모세의 부름을 받고 처음으로 백성 앞에 등장할 때는 광야에서다. 아말렉이 쳐들어와 이스라엘 백성의 생명이 촌각에 달릴 때였다. 광야를 지나는 이스라엘 앞에 아말렉 군대가 가로막고 쳐들어오자 모세가 여호수아에게 군대를 이끌고 나가서 싸우라 명령한다. 그리고 자신은 아론과 훌을 데리고 산꼭대기로 올라간다.

여호수아의 순종 여부에 의해 이 전쟁의 승패는 갈라지게 되었다. 여호수아가 모세에게 순종하므로 2백만 백성의 생명을 지킬 수 있었고, 그 결과로 여호와 하나님께서 대대로 아말렉과 싸우시겠다는 약속도 받아냈다. 모세의 명령 속에는 생명을 살리는 길이 있었다. 여호수아는 권위를 휘두르는 모세를 본 것이 아니고, 그의 명령 속에는 지키고 살려야 할 생명이 있다는 것을 알았다.

여호수아는 모세가 자기 영광을 위해 사는 사람이 아닌 하나님의 영광을 위해 헌신한 사람이라는 것을 깨달았다(출17:15-16). 모세의 명령에 순종하여 승리하고 돌아온 여호수아에게 모세가 하는 말은 '여호와 닛시'다. 싸움은 여호수아와 그의 군대가 했는데 여호와께서 승리하셨다고 한다.

여호수아는 자기의 순종이 모세라는 한 지도자를 위대한 영웅으로 만들기 위한 것이 아니라는 사실을 깨달았다. 우리가 사람에게 순종하기 어려운 이유 중 하나는 나의 순종이 그 한 사람만 잘되게 한다고 생각하기 때문이다. 여호수아는 모세에게 순종함을 통해 하나님을 좀 더 깊게 알아갔을 것이고 모세의 순종 속에서 생명을 보았을 것이다. 사명자는 사역 가운데서 생명을 보는 자다.

모세는 하나님께 순종하였고 그 모세에게 여호수아가 순종하였다. 모세의 순종의 본이 여호수아를 하나님께로 순종하는 자로 성숙시켜 주었다. 여호수아가 여리고성 앞에서 할례를 행하라는 여호와의 명령에 순종할 수 있었던 것도, 여리고성을 침묵하며 일곱 바퀴 도는 일에 순종할 수 있었던 것도, 내 순종에 누군가의 생명이 있다는 것을 알았기 때문이다.

둘째. 여호수아는 모세가 말한 모든 명령을 다 순종했다(수11:15).

순종은 부분적이지 않고 전체적이고 총체적이다. 내 마음에 드는 말만 순종하는 것은 순종이 아니다. 여호수아는 여호와께서 모세에게 명하신 모든 것을 그대로 행하였다. 순종에 일부라는 말은 존재하지 않는다. 순종의 수식어에는 '온전히', '완전히', '순수하게'만 있을 뿐이지 부분이나 일부라는 말은 없다.

순종은 이기가 아닌 전적인 이타이기 때문이다. 누군가의 명령이나 말에 순종한다는 것은 내가 아닌 그를 위한다는 것이다. 그러므로 부분적으로 순종했다는 말은 이기적으로 결과를 예측 가능한 것만 순종했다는 의미로 불순종했다는 말이다. 부분적인 순종은 일종의 반항이다.

여호와께서 모세를 통해 여호수아에게 하신 명령은 하나님의 약속을 성취하는 것이었다. 가나안은 여호와 하나님이 아브라함과 약속하신 땅이다. 하나님은 야곱의 후손을 통해 큰 민족을 이루시려는 하나님의 계획에 따라 요셉을 먼저 애굽으로 보내시어 모든 생명을 구하시려고 준비하셨다. 야곱이 세상의 부자가 되어 가나안 땅에 돌아왔어도 하나님은 가나안에 다시 기근이 들게 하시어 야곱의 가족을 애굽으로 이주하게 하셨다.

그리고 약 4백 년 동안 가나안의 주인이 될 이스라엘 백성의 수를 약속하신 대로 하늘의 별과 바다의 모래와 같이 번성시키셨다. 때가 이르매 준비한 모세를 불러 이들을 애굽에서 다시 가나안으로 돌아가도록 하셨다. 이 모든 역사에 흐르는 하나의 사상은 하나님의 사랑에 뿌리를 둔 약속과 성취다. 순종은 약속을 바라는 믿음이 없으면 불가능하다. 순종의 뿌리는 믿음이고 믿음은 순종을 통해서 성숙한다.

여호수아는 자기 안에 있는 불순종과 싸워 이겼다(수11:23). 여호수아가 순종해야 할 일은 대부분 목숨 걸고 싸우는 것이었다. 여기서 죽여야 할 대상은 생명이 아닌 자신 안의 불순종이었다. 여호수아는 모세를 40년간 옆에서 지켜보고 살았다. 모세도 사람이기 때문에 허물과 약점이 있었을 것이다. 그런데도 여호수아는 모세의 명령에 다 순종했다. 자기 안의 불순종과 싸웠기 때문에 가능한 일이었다.

셋째. 여호수아의 순종은 그 자신도 누군가의 순종의 대상이 된다는 것이다(13:6-7).

우리가 받아야 할 삶의 복 중 하나는 바른 순종의 대상을 만나, 바른 순종의 내용을 전달받는 것이고, 나도 누군가에게 바른 순종의 대상이 되어 순종을 유산으로 물려주는 것이다. 인생은 누군가의 순종의 대상이 되어, 그들이 해야 할 일을 남겨두고 가는 것이다. 이것이 거룩한 믿음의 유산이다.

여호수아가 102세 때에 여호와께서 말씀하셨다. "너는 나이가 많아 늙었고 얻을 땅은 매우 많이 남아 있다" 하시고는 그 남은 땅들의 위치를 자세하게 설명하시고 그 땅에 사는 자들을 이스라엘 자손 앞에서 쫓아내겠다고 약속하신다. 그리고는 "너는 내가 명령한 대로 그 땅을 이스라엘에게 분배하여 기업이 되게 하라"고 하셨다(수13:1-7).

모세와 여호수아의 삶에서 가장 부러운 것은 내 삶이 누군가에게 순종의 유산이 될 수 있다는 것이다. 이렇게 되려면 내 순종이 부분적이지 않고 전체적이며, 단회적이지 않고 연속적이어야 한다. 누구나 부분적이고 일회적인 순종은 가능하다.

세상 기업에서는 사람을 뽑을 때 실력과 능력을 본다. 그러나 하나님 나라에서는 이런 이력서를 내라 하지 않고 그가 누구에게 순종을 배웠고 어떻게 순종을 실천했는가를 말해 보라고 한다.

실력과 능력은 필요를 따라 하나님께서 주신다고 약속하셨다. 예수께서 제자들을 파송하시면서 말씀하셨다(마10:18). "18 너희가 나로 말미암아 총독들과 임금들 앞에 끌려가리니 이는 그들과 이방인들에게 증거가 되게 하려 하심이라 19 너희를 넘겨 줄 때에 어떻게 또는 무엇을 말할까 염려하지 말라 그때에 너희에게 할 말을 주시리니" 순종이 실력이나 능력보다 우선한 하나님 나라의 채용 기준이다.

하나님께 순종하는 것이 사람들의 순종을 얻어내는 가장 중요한 비결이다. 지도자가 하나님께 순종의 모습을 보이면 그 지도자를 따르는 사람들은 지도자에게 순종하게 되어 있다. 많은 지도자가 자신을 따르는 사람들이 없음을 탄식하면서도 정작 자신은 하나님의 뜻대로 살려고 하지 않는다. 리더가 하나님 뜻대로 살려고 할 때 리더십은 강해진다.

여호수아는 모세의 명령을 하나님의 명령으로 알고 순종했다. 여호수아는 자기의 생각과 형편을 앞세우지 않고 하나도 행하지 않는 것이 없이 다 순종했다. 지금 하나님께서 찾으시는 사람은 여호수아 형 순종의 사람이다. 누군가를 순종의 대상으로 삼으려면 그 사람 곁에 좀 오래 머물러야 한다.

여호수아는 모세 곁에서 약 57년 정도를 순종하며 살았다. 그리고 얻은 결론은 이 모세라는 사람은 절대 자신의 유익을 위해 나를 이용하지 않는다는 것을 확신하게 되었다. 여호수아는 모세가 명령한 것에 순종하는 것이 곧, 그의 백성의 생명을 지키고 하나님의 약속을 성취하는 길이라고 확신했다. 이런 여호수아였기에 하나님은 그의 종말에 그가 후대에 유산으로 남길 일들을 말씀해 주셨고, 그의 후손들이 그의 순종을 따르며 살게 하셨다.

8.
아론의 순종

(출4:10-17, 출7:6-7). 찬송 425장 "주님의 뜻을 이루소서"

하나님 나라의 순종은 이타적이나 세상의 순종은 지극히 이기적이다. 세상에서는 나에게 유익이 있어야 순종하지만, 하나님 나라에서는 나의 순종에 내가 아닌 누군가의 생명이 있기에 순종해야한다. 영적인 순종은 누군가의 생명을 지키기 위한 순종이다.

이기적인 세상의 순종은 순종할 수밖에 없는 구조가 형성되어있다. 돈이나 지위의 힘이 지배하는 위계질서 속에서 필연적으로 순종할 수밖에 없다. 그러나 하나님 나라의 순종은 세상 위계질서와 관계없이 생명을 구하는 일에 세운 지도자에게 하는 순종이다. 아론이 바로 그런 사람이다.

첫째. 아론의 순종은 지도자의 약함을 보충해 주는 순종이다 (출7:1-2).

아론은 모세의 대언자로 부름 받아 순종한 자다. 40세의 모세는 히브리 동족을 폭행하는 애굽 군인을 살해한 혐의로 수배령이 떨어지자 미디안 광야로 도망갔다. 그곳에서 십보라를 만나 결혼하고 장인의 가축을 돌보며 40년을 살았다. 그의 나이 80되던 해 하나님께서 호렙산 불꽃 가운데에서 그를 만나주시고 그에게 애굽에서 고난 겪는 이스라엘 백성을 구원해 내라고 명령하신다.

모세는 나이도 많고 입도 둔해서 할 수 없다고 했다. 진짜 이유는 애굽이란 나라와 싸우는 것이 두려웠을 수 있다. 40대 젊은 나이에도 당할 수 없어 도망을 나왔는데 80의 노구를 가지고 무엇을 할 수 있겠느냐는 것이다. 그러자 하나님께서 그에게 말 잘하는 사람을 붙여주시겠다고 약속하시면서 소개한 사람이 그의 친형 아론이다.

하나님께서 아론을 불러 민족과 역사 앞에 등장시키신 이유는 하나님이 부르신 리더의 약함을 보충해 주는 자로 살라는 것이다. 모세에게 말한 내용을 아론에게도 말씀해 주셨는지 모르겠다. 성경에 그런 기록이 없는 것을 보면 모세에게만 말하고 아론에게는 모세를 만났을 때 순종하는 마음을 주셨을 것이다.

나를 부르신 하나님의 사명 속에는 누군가의 사명이 기다리고 있다. 모세가 하나님의 말씀에 "오 주여 보낼 만한 자를 보내소서"

라고 말하자 여호와께서 모세를 향하여 노하여 이르시되 "레위 사람 네 형 아론이 있지 아니하냐 그가 말 잘하는 것을 내가 아노라 그가 너를 만나러 나오나니 그가 너를 볼 때에 그의 마음에 기쁨이 있을 것이라"라고 하신다.

모세는 자기 혼자서만 그 일을 해야 하는 줄로 알았다. 모세를 부르신 부름 속에는 그의 형 아론의 사명도 함께 있었다. 하나님께서 나를 부르실 때 나의 약함을 채워줄 누군가를 준비해 두셨다는 사실을 잊지 말자.

모세가 일방적인 하나님의 주권적 선택 때문에 부름을 받고 지도자가 된 사람이라면 아론은 하나님의 부르심을 받은 자가 그 사명을 거절하지 못하도록 부름 받은 자다. 하나님의 부르심을 받아 지도자가 된 모세에게는 하나님과 계시의 채널이 열려있어 계시의 말씀을 받을 수 있었다. 그러나 아론은 그런 모세의 명령을 받아 상대에게 전해주는 자로 부름을 받았다.

아론이 자기 위치와 순종의 의무를 망각하고 백성의 말을 듣고 황금 송아지를 만들어 섬기다 백성을 망하게 하고 자신도 비참하게 되는 상황이 있었다(출 32장). 아론은 모세가 구스 여인 십보라를 데리고 올 때 누이 미리암과 더불어 모세를 비방하는 실수도 한다(민12장). 순종의 위치를 이탈하는 실수들이다. 그러함에도 하나님은 아론이 구원의 역사에서 하나님의 말씀을 그의 백성에게 전해주는 선지자의 사명으로 모세에게 순종하도록 인도하셨다.

둘째. 아론의 순종은 세상의 질서보다 영적 질서를 우선순위에 둔 순종이다(출7:6-7).

아론은 모세보다 나이가 세 살 더 많은 모세의 친형이다. 죄인들이 선한 일이나 영적으로 순종할 때 아는 사람보다 모르는 사람에게 하는 게 더 쉽다. 죄의 특징은 싫증을 느낀다는 것이다. 그러다 보니 가까운 은혜의 관계에 더 많은 갈등이 있다. 예수님도 선지자가 자기 고향과 자기 집에서는 존경받기 어렵다고 하셨다(마 13:53-57). 눈은 새로운 것을 좋아하고 귀는 익숙한 것 듣기를 좋아한다. 복음은 시각적으로 보여주기보다 들려주고 읽게 해야 한다.

예수님께서 제자들을 보내실 때도 보여주라 하지 않고 전파하라고 했다(마 10:5-7). 바울은 믿음은 복음을 보는 것이 아닌 들음에서 난다고 했다(롬 10:13-18). 보여 줄 것은 예수님과 그의 십자가뿐이다. 빌립이 "와 보라" 한 것은 예수님이 지상에 계셨을 때다. 그러나 예수님이 하늘에 오르시고 성령 하나님이 역사하시는 교회에서는 예수님이 하신 말씀을 들려주는 것이 복음 전도의 유일한 방법이다.

"와 보라"고 말하고 싶은 유혹을 이겨내야 한다. 보이는 것을 좋아하지만 보이는 것에는 쉽게 싫증을 느끼는 게 인간이다. 인간 사이에서 싫증을 느끼지 않게 하려면 늘 새로운 것을 보여주어야 한다. 이단들의 특징이다.

죄로 오염된 인간 사이에서 아론은 보이는 동생을 보이지 않는 하나님처럼 순종했다(16). 아론이 세 살 때 모세가 태어났다. 당시 바로는 히브리 산파들에게 사내아이는 다 죽이라고 살인 명령을 내렸다. 산파들이 하나님을 두려워하여 애굽 왕의 명령을 거역하자 바로가 다시 아들이 태어나면 나일강에 던지라고 명령을 내린 상황이다. 이런 바로의 계략이 모세에게는 전화위복이 되었다.

모세는 바로의 공주의 양자가 되어 궁정에서 살았고, 형 아론은 노예의 가정에서 자랐다. 그러다 살인죄를 지고 살수들의 추격을 받으며 광야로 도망쳐 그곳에서 40년을 살았다. 형제이지만 같이 산 시간이 얼마 되지 않는다. 그러다 어느 날 갑자기 나타난 동생에게 순종한다는 것은 쉽지 않은 일이다.

아론은 두 아들이 죽는 상황 속에서도 동생 모세 앞에 잠잠했다(레10:1-3). 아론의 아들 나답과 아비후가 각기 향로를 가져다가 여호와께서 명령하지 아니하신 다른 불, 공인받지 않은 불을 담아 여호와 앞에 분향하다가 불이 여호와 앞에서 나와 그들을 삼키매 그들이 여호와 앞에서 죽는 사건이 있었다. 그때 모세가 여호와의 말씀이라며 아론에게 말한다. "나는 나를 가까이하는 자 중에서 내 거룩함을 나타내겠고 온 백성 앞에서 내 영광을 나타내리라 하셨느니라 아론이 잠잠하니".

인간이 자식의 죽음 앞에서 잠잠할 수 있다는 것은 어려운 일이다. 아론이 나답과 아비후가 눈앞에서 죽은 것을 보면서도 잠잠할 수 있었던 것은 하나님의 절대주권을 인정하였기 때문이다. 아론은 나답과 아비후가 하나님이 주신 자식이기에 하나님이 심판하시고 목숨을 거두어 가신다고 해도 어떤 이의도 제기할 수 없음을 알고 있었다. 더욱이 나답과 아비후는 거룩한 제사 의식에 대한 하나님의 명령을 거역하였기 때문에 그들에게 임한 심판은 하나님의 공의였음을 인정하지 않을 수 없었다.

나답과 아비후가 죽은 후 모세는 아론과 그의 남은 아들들에게 "머리를 풀거나 옷을 찢지 말라"(6절) 고 명한다. "머리를 풀거나 옷을 찢는 것"은 고대 근동 지역에서 슬픔을 나타내는 표현방식이었다. 만일 아론이나 그의 남은 아들들이 머리를 풀거나 옷을 찢는다면, 그것은 하나님의 심판에 대한 불만을 나타내는 의미다. 아론은 모세의 명을 따라 슬픔을 표현하지 않았다. 하나님의 명령에 따라 백성의 사죄를 선포해야 하는 대제사장으로서, 사사롭게 개인의 슬픔을 드러내지 않았다.

세상에서는 아론 같은 순종을 하기 어렵다. 하나님의 은혜가 아니면 불가능한 순종이다. 이런 순종의 모습이 예수님과 세례요한 사이에 있었다. 세례요한은 예수님보다 앞서 와서 철저하게 예수님의 길을 준비한 자다. 그는 '나는 굽혀 그의 신발 끈을 풀기도 감당하지 못하겠다'라고 했다(막1:7). 영적 순종자의 자세다.

셋째. 아론의 순종은 모든 백성을 대변하는 순종이다 (레8:1-29).

아론은 동생 모세에 의해 대제사장으로 임직 되었다. 하나님께서 아론을 백성 앞에서 백성이 순종해야 할 자로 세우셨다. 하나님께서 모세에게 이스라엘의 온 백성을 회막문 앞에 모으게 한 후에 아론과 그 아들들에 대한 제사장의 임직 식을 행하라고 명하신다. 모세가 아론과 그 아들들을 데려다가 물로 씻기고 속옷과 겉옷, 에봇과 흉패와 우림과 둠밈을 주었다. 관유를 장막에 있는 모든 기구에 발라 그 기구들을 거룩하게 하고 아론의 머리에 관을 씌우고 관유를 부어 그를 거룩하게 했다.

모세가 아론과 그의 아들들을 위해 속죄제와 번제와 화목제와 화제로 드렸다. 모든 제사는 예수 그리스도 십자가의 제사를 예표한다. 하나님은 순종하는 아론의 삶 속에 독생자를 통한 구원의 계획을 선포하신 것이다.

모든 성도의 순종에는 구원의 향기가 나고 구원의 복음이 들려져야 한다. 아론의 순종에는 백성의 순종을 여호와 하나님께 올려드리는 은혜가 있었다. 자신의 순종으로 그의 가문을 제사장의 가문으로 살게 했다.

하나님께서 아론의 권위를 모든 백성 앞에서 인정해 주시고 세워주셨다(민17:1-13). 40년간의 광야 생활을 끝내는 시점이 가까웠을 때 고라와 그 일당들이 모세와 아론의 권위에 도전했다. 이때 모세는 하나님께 엎드려 기도하였고 하나님은 반역한 무리를 땅이 갈라지게 하여 죽게 하고 향로에서 나온 불로 죽게 하였다. 이를 본 백성은 모세와 아론 때문에 형제들이 죽었다고 하며 원망 불평한다.

이때 하나님은 진중에 전염병이 돌게 하여 14,700명이 죽게 하였다. 이런 일이 있고 난 뒤 하나님은 가문의 지도자들에게 자기 이름이 적힌 지팡이를 가져오게 하고 레위 지파는 아론이라 쓰게 한 후 성막 안에 넣어두고 다음 날 꺼내 볼 때 아론이라고 쓴 지팡이에만 싹이 나고 움이 돋아 꽃이 피어 살구 열매가 맺히게 하였다.

순종의 사명 중 하나는 하나님이 세운 권위에 도전하다가 많은 사람이 죽게 되는 일이 다시는 없게 하는 것이다. 하나님은 아론을 그 모델로 사용하셨다. 하나님은 아론의 지팡이에만 싹이 나고 열매가 맺히게 함으로 아론의 제사장 권위가 자신의 힘과 능력이나 사람에게서 주어진 것이 아니라 하나님께서 세우고 주셨음을 명확하게 보여주셨다. 하나님께서 세우신 자가 나 보기에는 비록 능력 없고 인기가 없어 마음에 안 들어도 그가 하나님 앞에 있다면 그의 권위에 순종해야 한다.

아론은 말을 잘하는 것 때문에 부름 받아 하나님이 그의 주인으로 세운 육신의 동생, 모세의 입을 대변하는 자로 순종했다. 말 잘하는 아론이 두 아들이 동시에 죽었지만 침묵했다. 침묵했다는 것은 순종했다는 것이다.

아론의 침묵은 세상의 소리를 막고 하나님을 말씀을 묵상하며 자신을 돌아보는 시간이다. 아론의 침묵은 입을 닫고 귀는 열어 하나님의 음성을 듣고 눈을 하나님께 고정하는 시간이었다. "나의 영혼아 잠잠히 하나님만 바라라 무릇 나의 소망이 그로부터 나오는 도다"(시 62:5).

하나님이 세우신 질서를 인정하고 순종하는 은혜를 구해야 한다. "너희를 인도하는 자들에게 순종하고 복종하라. 그들은 너희 영혼을 위하여 경성하기를 자신들이 청산할 자인 것같이 하느니라. 그들로 하여금 이것을 근심으로 하게 하지 말라. 그렇지 않으면 너희에게 유익이 없느니라"(히13:17).

9.
노아의 순종

(창 6:9-22, 히11:7). 찬송 450장 "내 평생소원 이것뿐"

　　하나님께서 사람의 사악함이 땅에서 크고 또 그의 마음에서 생각하여 상상하는 모든 것이 항상 악할 뿐임을 보시고 사람과 땅을 심판하시기로 하셨다. 심판은 의인을 남기고 죄인을 멸하여 새로운 창조를 시작하는 일이다. 새로운 시작 앞에는 반드시 심판과 죽음이 있다.

　　성경은 노아를 의인, 당대에 완전한 자, 하나님과 동행한 자라고 했다(창 6:9). 당시 세상은 온 땅이 하나님 앞에 부패하고 포악함이 땅에 가득하여 땅에 있는 모든 혈육 있는 자의 행위가 다 부패하였다.

첫째. 노아의 순종은 하나님의 심판 약속을 믿고 행동하는 순종이다(창6:9-13).

순종은 들은 말씀을 믿음으로 실천하는 것이다. 나의 순종에는 나와 나의 가정뿐 아니라, 이웃의 구원이 함께 담겨 있다. 하나님의 심판은 항상 죄에 대한 심판이다. 소돔과 고모라가 죄악으로 가득 찰 때 하나님은 불로 심판하셨다.

예수님도 다시 오실 때의 징조를 묻는 제자들에게 노아의 날과 소돔과 고모라 성읍과 같은 상황이 재현될 것이라 말씀하셨다. 하나님의 홍수 심판의 대상도 죄로 부패한 세계다. 하나님의 통치보다 죄의 지배를 더 좋아하는 세상이다. 모든 부패의 중심에는 인간이 있다. 부패는 삶의 기준이 하나님이 아닌 세상이다.

노아가 만들어야 할 방주의 크기는 길이가 135m, 폭이 23m, 높이가 14m나 되는 규모의 큰 배다. 당시 조선기술로는 실현 불가능한 명령이다. 방주를 만들려면 많은 인력과 큰 비용이 필요하다.

그런데 하나님은 노아에게 "고페르 나무로 만들라. 그 안에 칸들을 막고 역청을 그 안팎에 칠하라. 길이는 삼백 규빗, 너비는 오십 규빗, 높이는 삼십 규빗이라. 거기에 창을 내되 위에서부터 한 규빗에 내고 그 문은 옆으로 내고 상중하 삼 층으로 하라."고만 말씀하셨지 재원은 어떻게 마련하고 누구와 협력하고 언제까지 하라는 내용이 없다.

노아는 하나님의 다른 설명이나 설득이 필요치 않은 순종을 했다. 하나님의 명령에 대해 노아는 묻지 않았다. 그 배경을 히11:7절은 "하나님을 경외함으로"라고 했다. 죄인의 관점에서 사랑은 '용서를 바라는 것'이고 의인의 관점에서 하나님의 사랑은 '경외함'이다. 경외함은 그의 사랑을 믿고 나의 경계를 지키는 것이다. 하나님은 나의 경계 안에서 내가 할 수 있는 일을 맡기신다.

하나님께 의인이라 칭함을 받은 순종자들의 믿음이 경외함이었다. 하나님의 명령을 받은 노아가 이 기간에 어떻게 하나님의 명령에 순종했는지는 성경에 기록된 것이 없다. "노아는 의인이요 당대에 완전한 자라 그는 하나님과 동행하였다."(9) 라고만 소개한다. 의인이라 부르는 것은 하나님의 고유 권한이다. '완전한 자'의 의미는 처음과 끝이 같다는 것이다. 노아를 소개하는 짧은 말 속에서 노아의 순종을 유추해 볼 수 있다.

모든 하나님의 선지자들은 하나님의 명령을 받으면 '나는 죄인입니다'라고 회개했고 사죄를 확신하고 나가서 '회개하라'고 선포했다. 하나님의 은혜로 의인이라 칭함을 받은 노아도 나무를 자르고 망치질하면서 '주여 나는 죄인입니다. 오늘도 나는 당신의 긍휼함이 필요합니다. 하늘의 양식이 필요합니다'라고 고백했을 것이다. 그리고 사람들을 만나면 '여러분 회개하십시오' '하나님께서 오늘도 아직 비를 내리시지 않는 것은 여러분에게 기회를 주시기 위함입니다'. 이렇게 회개를 선포하며 순종의 길을 갔을 것이다.

둘째. 노아의 순종은 자신의 순종함에 다른 사람들을 설득하여 협력하게 하는 순종이다.

사명은 혼자 가는 길이면서 여러 사람을 설득해야 한다. 사람을 설득하려면 사명으로 자신이 변화되어 가는 모습을 보여주어야 한다. 순종은 자신과 싸우는 과정을 통해 목적지로 향한다. 노아는 방주를 만드는 동안 자기 안에 뿌리내린 죄와 싸우며 회개했을 것이다. 회개가 곧 복음 선포이고 복음 선포는 듣는 자의 회개를 촉구한다. 복음에는 전하는 자의 회개가 전제되어야 하고 듣는 자는 회개로 반응해야 한다.

모든 거룩한 순종은 협력이 전제되어 있다. 혼자서는 불가능한 것이 복음 전파다. 성경은 노아가 누구와 협력해 몇 년에 걸쳐 방주를 지었는지를 말하고 있지 않다. 이게 그다지 중요하지 않다는 것이다. 그러나 큰 나무를 자르고 옮기고 그것들을 맞추어 올리고 붙이는 일은 노아 홀로 할 수 있는 일이 아니다. 누군가의 도움이 절대적으로 필요하다. 품삯을 주든지 자원봉사를 끌어내든지 사람들을 설득해 방주 짓는 일을 협력하도록 하는 일은 노아의 몫이다.

노아는 방주를 짓는 동안 일을 돕는 자들에게 방주를 짓는 이유를 설명해야 했을 것이다. 방주를 짓는 이유와 그 목적을 말하는 게 복음 전파다. 노아는 방주 짓는 일을 돕는 자는 물론이고 만나는 모든 사람에게 하나님의 심판을 전했을 것이다. 그러나 사람들은 노아를 통한 하나님의 경고를 무시하고 비웃으며 이전과 똑같이 생활했다. 그런데도 노아는 순종의 길을 멈추지 않았다.

거룩한 순종은 세상을 꾸짖는 순종이다(히11:7). 노아는 그의 순종으로 세상을 정죄하고 그로 인해 의의 상속자가 되었다. 방주를 짓는 것이 설교이고 전도이고 선교이고 세상에 대한 정죄이고 심판이었다.

순종의 사람은 복음을 들어야 할 사람들이 듣지 않는다고 그의 사명을 멈추지 않는다. 사명은 상대의 반응과 관계없이 해야 할 일을 하는 것이다(딤후4:2). 죄에 대해 무감각해지면 다가오는 하나님의 심판을 무시한다. 심판의 메시지를 비웃는다.

방주를 짓는 일에 협력하는 자이고 복음을 전하는 일에 협력했다는 것으로 구원받은 사람이라고 말할 수 없다. 하나님의 독생자 예수 그리스도의 이름으로 의인의 칭함을 받고 노아처럼 완전한 순종이 있어야 한다.

노아가 방주를 짓는 기간은 심판의 유예기간이라는 은혜의 시간이다. 사명자는 이것을 깨달아야 책임 의식이 선명해진다. 우리의 순종에는 누군가를 회개의 길로 인도해야 하는 책임이 있다. 그것이 사명이다. 나는 심판을 선포하며 방주를 지어도 세상은 여전히 부패한 삶에서 떠나지 않는다. 그래도 사명자는 나의 변화를 위해 방주 짓는 일과 이웃을 설득하는 일을 멈춰서는 안 된다.

셋째. 노아의 순종은 하나님의 새 언약을 받아내는 순종이다(창 10:9-13).

모든 명령에는 숨겨진 약속이 있다. 명령만 보면 순종이 어렵다. 그 이면에 숨겨진 약속을 보는 것이 은혜이고 복이다. 노아는 하나님의 명령 속에 숨겨진 하나님의 약속을 보았기에 흔들리지 않았다.

죽었다가 사는 것이 방주의 의미다. 방주는 하나님의 약속이고 생명처럼 보이지만 죽음이 전제된 부활이다. 노아도 홍수 심판과 함께 죽고 약속 안에서 다시 산 자다.

하나님은 노아와 새롭게 언약을 체결하셨다(창9:1-2, 8-10). 물 심판 후 지상에 생존한 인류는 오직 노아의 여덟 식구뿐이었다. 처음 인류가 아담과 하와를 통해 생육하고 번성했듯이 이제 노아를 통해서 새로운 인류가 번성하게 될 것이라 약속해 주셨다. 이는 종말에 예수 그리스도 안에서 그에게 연합된 당신의 백성을 은혜로 구원해 주실 것에 대한 예표다(마25:31-33).

새 언약을 받을 수 있는 순종은 듣는 것을 실천하는 순종이다(22). "노아가 그와 같이하여 하나님이 자기에게 명하신 대로 다 준행하였더라." 노아의 순종 기준은 하나님의 말씀이었다. 순종은 보이는 것을 믿고는 불가능하다. 노아는 보이지도 경험하지도 않은 일을 하나님의 말씀을 들음으로 믿고 순종했다.

새 언약을 받을 수 있는 순종은 순종의 과정을 거치는 동안 더욱 풍성하게 깨닫고 확신에 차는 순종이다. 순종의 길은 설명으로 이해하고 깨닫는 것이 아니다. 순종의 길은 흔들리며 시작해도 그 과정을 통해 지혜로워지고 담대해지는 길이다. 순종의 결과에 기다리는 은혜는 과정을 통해서만 깨달아지는 은혜다.

노아도 처음 홍수멸망을 계시받을 때는 하나님의 뜻을 확실하게 이해해서 순종했다기보다, 순종하면서 하나님의 약속을 더욱 풍성하게 깨달아 갔다. 순종의 과정에는 뜻하지 않게 숨겨진 약속의 보화를 발견하는 은혜가 있다.

방주에 문이 하나이듯 구원의 길은 오직 예수 그리스도 한 분뿐이다(요14:6). 방주는 예수 그리스도의 십자가와 부활과 연결되어 있다(벧전3:18-22). 하나님의 심판을 피할 수 있는 유일한 방법은 방주뿐이다. 방주 안으로 들어가는 문은 단 하나, 오직 예수 그리스도뿐이다. 예수님은 내가 양들의 문이라고 하셨다(요10:9). 노아처럼 의인이라 칭함을 받은 모든 자는 예수 그리스도의 십자가와 부활의 복음을 주께서 다시 오실 때까지 계속해 전하는 순종을 해야 한다.

10.
사라의 순종

(창20:1-2, 벧전3:5-7). 찬송 604장 "완전한 사랑"

순종의 영웅 여성 편을 묵상해 보고자 한다. 가장 먼저 아브라함의 아내요 이삭의 어머니, 사라의 순종을 살펴보겠다. 사라는 아브라함의 이복 누이동생(창20:12)이고 아내다. 사라는 하나님의 언약을 따라 본토 친척 아비 집을 떠나 낯선 땅으로 이주해 간 아브라함을 쫓아 평생을 이주자요 나그네의 아내로서 하나님께서 선택한 약속의 가정을 지키며 살았다.

첫째. 사라는 하나님이 세우신 질서에 순종했다(창18:12, 벧전3:6).

사라는 남편에게 '아니오'가 없었다. 항상 '예'하며 남편에게 순종했다. 사라는 남편의 뜻에 순종하는 것이 곧 하나님의 뜻을 따르는 것으로 여겼다. 성경은 하나님의 창조 질서를 따르도록 가르치고 있다. 하나님은 가정에서 아내가 남편에게 순종하도록 질서 체계를 세우셨다. 사라는 평생 남편 아브라함에게 순종했다.

갈대아 우르를 떠나 하란으로 가자고 했을 때 아무 말 없이 순종해 따라갔고 하란에서 가나안 땅으로 갈 때도, 흉년이 들어 애굽에 내려가자고 할 때도 순순히 따랐다. "이제부터는 내 아내라 하지 말고 내 누이라고 하라"고 했을 때도 남편이 시키는 대로 순종했고 길 가는 사람들 대접하려고 밀가루를 반죽해서 빵 만들라 하면 그대로 순종했다(창18).

사라는 남편을 주인으로 알고 순종했다(창18:12). 사라는 남편 아브라함을 주인이라 불렀다. 사라가 남편 아브라함의 말에 순종할 수 있었던 것은 그녀는 남편을 하나님이 세우신 질서 체계의 '주인'으로 믿었기 때문이다. 베드로는 사랑의 순종을 부부관계의 모델로 제시했다(벧전3:5-7).

아내는 남편에게 순종함을 통해 자기를 단장하고 두려운 일에도 놀라지 않는다고 했다. 남편의 아내에서 딸이 된다고 했다. 남편은 아내를 더 연약한 그릇으로 대우해야 하고 생명의 은혜를 함께 이을 자로 귀히 여겨야 한다. 그래야 기도가 막히지 않는다고 했다.

하나님은 창조의 질서 체계에 순종하는 자를 지키신다(창20:1-13). 아브라함이 그랄에 거주할 때다. 가나안에 기근이 들어 식량을 구하러 애굽으로 내려갔을 때처럼 아브라함은 그의 아내 사라를 자기 누이라 했다. 그랄 왕 아비멜렉이 사람을 보내어 사라를 데려갔다.

그 밤에 하나님이 아비멜렉에게 말씀하셨다. "네가 데려간 이 여인으로 말미암아 네가 죽으리니 그는 남편이 있는 여자다." "그 사람의 아내를 돌려보내라 그는 선지자라 그가 너를 위하여 기도하리니 네가 살려니와 네가 돌려보내지 아니하면 너와 네게 속한 자가 다 반드시 죽을 줄 알라" 창조 질서에 순종한 사라의 거룩을 하나님이 지켜주신 것이다.

둘째. 사라는 창조의 질서에 포함된 지정석을 지키는 순종을 했다(창21:8-21).

평생 순종하던 사라가 딱 한 번 남편 아브라함에게 화를 낸 일이 있다. 여종 하갈과 그녀를 통해 낳은 아브라함의 아들 이스마엘로 인해서다. 이 일로 사라는 하갈과 이스마엘을 가정공동체에서 쫓아낸다(창21:8-21). 아브라함이 매우 근심하자 하나님께서 아브라함에게 "네 아이나 네 여종으로 말미암아 근심하지 말고 사라의 말을 들으라. 이삭에게서 나는 자라야 네 씨라 부를 것이다"라고 사라 편을 들어 주셨다.

사라는 약속을 따라 자기에게 주어진 영적 지정석을 지키는 일에 순종한 사람이다. 사라는 자신에게 주어진 창조적 질서 체계를 위협하는 것은 그가 누구이든지 용납하지 않고 단호하게 거절하고 순종의 자리를 지켰다. 그리고 하나님은 이렇게 순종의 지정석을 지키는 사라를 지켜주셨다.

사라의 순종은 지혜로운 순종이었다(창21:10). 사라는 어미로서 분통 터지는 상황을 보면서도 자신이 직접 나서서 일을 처리하지 않았다. 가정에 세워진 창조의 질서를 무시하지 않았다. 상한 감정을 절제하고 질서를 따라 남편에게 문제를 해결하라고 했다. 지혜로운 어미의 모습이다. 아내의 남편에 대해 두려워함과 정결한 행실은 말보다 더 강한 능력이 되어 하나님을 믿지 않는 남편도 구원할 수 있다.

하나님의 창조적 권위를 따라 남편에게 순종하는 것이 여성인 자신을 비하하는 것이 아니다. 오히려 자신을 아름답게 단장하는 것이다. 여인을 아름답게 해주는 것은 외모를 화려하게 꾸미는 것이 아니다. 육체의 지나친 치장은 도리어 안목의 정욕을 따르게 하고, 영혼보다 몸을 더 중요시하게 함으로 영적 성장을 방해할 수 있다. 믿음의 여인을 참으로 아름답게 하는 것은 하나님께서 세우신 질서에 순종할 때다.

셋째. 사라의 순종이 약속의 땅을 그의 후손들이 그들의 기업으로 주장할 수 있는 증거가 되게 했다(창23:1-20).

사라는 죽은 후에도 아브라함이 완전하게 하나님의 약속을 이룰 수 있도록 헌신했다. 사라가 백이십칠 세를 살고 가나안 땅 헤브론에서 죽었다. 아브라함이 슬퍼하며 애통하다가 일어나 헷 족속에게 사라를 그 땅에 장사하도록 허락해 달라고 했다. 특별히 땅 주인 에브론에게 그의 밭과 막벨라 굴을 팔라고 부탁했다. 그리고 은 사백 세겔을 에브론에게 주고 사서 그곳에 사라를 장사 지냈다.

이렇게 아브라함이 사라의 매장지로 산 가나안 땅의 밭과 막벨라 굴이 이스라엘 백성에게 약속의 땅의 증거가 되고 돌아갈 고향이 되었다. 사라를 매장하기 위해 산 가나안 땅이 후손들에게 가나안이 하나님이 약속한 땅임을 증명해 법적 유산이 되게 했다.

사라는 아브라함의 아내로서 아브라함이 하나님의 언약에 순종하도록 남편을 내조한 동역자였다. 사라는 남편 아브라함에게 순종한 정숙한 여인이었지만 실수도 잦았다. 아브라함에게 자녀 약속이 주어졌음에도 불구하고 참지 못하고 자신의 여종을 통해 서자라도 자녀를 갖고자 하는 조급한 성품도 있었다. 자신이 속으로 웃었음을 지적하는 천사의 말에 당황하여 부인하는 연약한 모습도 있다. 여종의 멸시를 참지 못하는 좁은 성품도 있다. 아들 이삭을 희롱하는 여종의 아들 이스마엘의 소행을 참지 못하는 질투심도 있었다.

그러나 하나님은 이런 사라의 약함을 하나님께서 세우진 창조 질서 체계 안에서 판단하시고 사라를 악에서 지켜주시고 사라의 편을 들어주셨다. 바울이 "아내들아 남편에게 복종하라 이는 주안에서 마땅하니라(골 3:18)."라고 자신 있게 순종을 권한 것도 그것이 하나님께서 세우신 순종의 질서이기 때문이다.

11.
리브가의 순종

(창24:1-4). 찬송 570장 "주는 나를 기르시는 목자요"

    사랑하는 아내 사라가 죽고 아브라함도 늙었다. 아브라함이 아들, 이삭을 장가보내려고 집의 모든 소유를 맡아 관리하는 늙은 종을 불러 전권을 위임했다. 보디발이 요셉을 가정 총무로 삼아 요셉에게 가정의 모든 일을 맡기고 관리하게 한 것처럼 이 늙은 종도 아브라함의 총애를 받는 충성스러운 종이다.

    순종의 사람은 순종의 사람을 만난다. 순종의 사람 이삭에게 주신 하나님의 선물은 순종의 여자 리브가였다. 순종의 사람 아브라함은 순종하는 충성된 종을 만났고, 주인에게 순종하는 늙은 종은 주인이 찾는 순종의 사람 리브가를 알아보았다. 순종이 신뢰의 비결이다. 이삭의 아내, 리브가의 순종을 묵상해 보자.

첫째. 리브가의 순종은 지정석에서 지정역할에 순종하는 순종이다 (창24:1-61).

리브가는 지정석에서 지정역할에 순종하는 것이 몸에 밴 여자였다. 결혼의 당사자는 이삭이지만 그의 결혼에 관한 이야기는 그의 아버지 아브라함으로부터 시작해 아버지의 충성스러운 늙은 종을 통해 성사된다. 아브라함은 종에게 두 가지만 부탁했다.

'내 고향 내 족속에게로 가서 내 아들 이삭을 위하여 아내를 택하라'(4)는 것과, '어떤 경우에도 내 아들을 그리로 데리고 가지 말라'(5)는 것이다. 아브라함의 며느리 선택 기준은 철저하게 하나님의 약속 안에 있었다. 종이 물었다. '만약 여자가 나를 좇아 이 땅으로 오고자 아니하거든 내가 주인의 아들을 주인의 나오신 땅으로 인도하여 돌아가리이까' 아브라함은 '그렇더라도 절대 내 아들을 그리로 데리고 돌아가지 말라'고 했다.

아브라함의 늙은 종은 아브라함의 명령대로 이삭의 아내를 구하고자 약대 열 필을 끌고 아브라함의 고향으로 갔다. 저녁쯤 메소보타미아의 나홀의 성에 이르자 늙은 종은 자신의 약대를 우물 곁에 두고 기도했다. '우리 주인 아브라함의 하나님 여호와여 원하건대 오늘 나에게 순조롭게 만나게 하사 내 주인 아브라함에게 은혜를 베푸시옵소서. 성 중 사람의 딸들이 물 길으러 나오겠사오니 내가 우물 곁에 서 있다가 한 소녀에게 이르기를 청하건대 너는 물동이를 기울여 나로 마시게 하라 하리니 그의 대답이 마시라 내가 당신의 낙타에게도 마시게 하리라 하면 그는 주께서 주의 종 이삭을 위하여 정하신 자라 이로 말미암아 주께서 내 주인에게 은혜 베푸심을 내가 알겠나이다'(12-14).

늙은 종의 지혜로운 기도는 평생 아브라함 곁에 살면서 아브라함이 하나님의 약속을 믿고 순종하는 것을 보며 얻은 지혜다. 살아가면서 순종의 지혜로운 삶을 사는 자를 가까이해야 할 이유다.

기도를 마치기도 전에 아브라함의 친척의 딸 리브가가 물동이를 어깨에 메고 왔다. 늙은 종이 달려가서 '네 물동이의 물을 내게 조금 마시게 하라'. 그가 '내 주여 마시소서' 하며 급히 그 물동이를 손에 내려 마시게 하고 '물을 길어 당신의 낙타들도 배불리 마시게 하겠습니다'라고 급히 물동이의 물을 구유에 붓고 다시 우물로 달려가 물을 길어다가 약대의 구유에 물을 붓는 것을 반복했다.

늙은 종이 가져온 장신구를 리브가에게 걸어주고 누구의 딸이냐고 묻자 자신 있게 자신의 가문을 소개하고 '우리 집에는 사료가 많고 유숙할 곳도 있습니다'하고 나그네를 초청도 했다. 평생 순종이 몸에 밴 늙은 종이 이런 리브가를 보면서 자신의 기도에 대한 응답으로 보고 기뻐하며 머리를 바닥에 숙여 하나님께 경배했다.

순종하는 자만 순종자를 알아본다. 순종하는 자가 순종하는 이웃을 만난다. 순종하는 자만 충성을 바르게 이해하고 알아볼 수 있다. 지정석에서 지정역할에 순종하는 것이 몸에 밴 두 사람이었기에 서로 순종의 목적을 알았다. 모든 순종의 목적은 하나님의 뜻을 이루는 것이다.

리브가가 급히 집으로 가서 아버지와 오빠에게 이 사실을 말하자 리브가의 오빠인 라반이 우물로 나와 아브라함의 종을 집으로 인도했다. 라반은 이들에게 물을 주어 발을 씻게 하고 그 앞에 음식을 차려 놓았다. 그러나 아브라함의 종은 자신은 심부름을 왔으니 심부름의 내용을 먼저 말하겠다고 했다. '여호와 하나님께서 우리 주인 아브라함에게 크게 복을 내려 소와 양과 은금과 종들과 낙타와 나귀를 창성케 하셨습니다. 노년에 아들을 낳으매 주인이 그의 모든 소유를 그 아들에게 주었습니다. 그리고 나에게 맹세하게 한 후에 너는 내 아들을 위하여 내가 사는 땅 가나안 족속의 딸들 중에서 아내를 택하지 말고 내 아버지의 집, 내 족속에게로 가서 내 아들을 위하여 아내를 택해 오라고 하셔서 제가 여기에 왔습니다'

아브라함의 종은 낮에 우물 곁에서 자기가 하나님께 한 기도와 그 기도가 리브가를 통하여 응답 된 것을 자세히 이야기한 후 그들에게 물었다. '당신들이 사랑과 진실함으로 우리 주인 아브라함을 대접하여 리브가를 이삭의 아내로 허락해 주시기 바랍니다. 만약 그럴 수 없다면 그럴 수 없다고 내게 말을 해주셔서 내가 다른 사람을 찾을 수 있도록 해 주십시오' 라반과 브두엘이 말했다. "이 일은 여호와 하나님이 예비하신 일인데 우리가 안 된다고 할 수가 있습니까? 리브가가 여기 있으니 하나님의 뜻대로 데리고 가서 당신 주인의 아들의 아내가 되게 하십시오."

아브라함의 종은 하나님의 은혜에 감사해 그 자리에서 땅으로 내려와 하나님 앞에 엎드려 절하고, 감사의 기도를 드렸다. 그리고 낙타 열 마리에 가득 싣고 온 금, 은 패물과 의복을 꺼내 이삭의 아내 될 리브가와 그의 부모들과 형제들에게 골고루 나누어 주었다. 신부의 몸값을 치르는 것은 당시 문화였다.

둘째. 리브가의 순종은 순종의 길 앞에서 머뭇거리지 않고 과감하게 결단하고 실천하는 순종이었다(55-58).

다음 날 아침 일찍 아브라함의 종이 리브가의 가족들에게 말했다. '오늘 아침 일찍 길을 떠나 나의 주인집으로 돌아가게 해 주십시오.' 가족들이 당장 딸과 헤어져야 한다는 사실에 당황스러워 아브라함의 종에게 말했다. '이제 그 먼 곳으로 시집가면 다시는 못 볼 수도 있는데, 소녀를 열흘 정도만 집에 더 있게 한 후에 보내는 것이 어떻겠습니까?' 아브라함의 종이 말했다. '그렇게 하지 마십시오. 하나님이 하루 만에 찾게 해 주셨는데, 우리가 지체하여 하나님께서 형통케 하신 일을 방해하면 안 될 것입니다. 즉시 돌아가게 해 주십시오.'

양측의 의견이 다르자 리브가의 가족들이 리브가 본인의 결정에 따르기로 하고 리브가를 불러 물었다. '리브가야 이 사람을 따라 오늘 가겠느냐? 조금 더 집에 있다가 가겠느냐?' 리브가는 '어차피 가야 할 길이면 오늘 가겠습니다. 열흘 후에 헤어져도 힘든 것은 같을 것입니다.'라며 주저하지 않고 얼굴도 모르는 신랑을 향해 순종의 낯선 길을 가겠다고 했다. 믿음의 사람들이 보여준 전형적인 순종의 모습이다.

고향을 떠나 미지의 땅 가나안으로 간다는 것도 쉽지 않은데 리브가는 아직 이삭의 얼굴 한 번도 보지 못했다. 단지 아브라함의 늙은 종을 통해 이삭은 아브라함의 아들이요 아브라함은 하나님의 약속을 받은 자이며 이삭은 그 약속의 상속자라는 말을 들었을 뿐이다. 그 약속의 자녀가 자신을 배우자로 며느리로 맞으려고 한다는 참으로 허무맹랑한 이야기를 그 가문의 늙은 종을 통해 듣고 남편감을 결정하고 즉시 순종하기로 한 것이다.

어떻게 이런 순종이 가능했을까요? 이런 지혜와 담대함은 평소 지정석에서 지정역할에 신실하게 순종하는 자에게 주어지는 은혜다. 리브가는 우물가에서 아브라함의 종을 만나 그의 충성심과 지혜를 보며 그의 주인에 대해 알 수 있었을 것이다. 평소 가정에서 그녀에게 주어진 일, 물을 기르고 가정을 돌보는 지정역할에 신실했기 때문에 신실하고 충성스러운 아브라함 종의 말을 이해할 수 있었다.

성실함이나 신실함은 미래를 향하는 성품이 아니다. 현재 주어진 삶을 향한 자세다. 보지 못한 미래를 선택하는 지혜는 현재 맡겨진 일에 신실할 때 주어지는 은혜다. 순종 없이 대충대충 살았던 여자였다면 이런 청원을 바르게 이해하지 못했을 것이다. '좁은 문으로 들어가기를 힘쓰라' 할 때 좁은 문은 지금 주어진 지정석에서 해야 할 지정역할에 신실하라는 말이다. 이것이 하나님의 뜻을 분별하는 대전제다.

리브가의 굳은 결심을 보고 가족들은 그를 위하여 복을 빌어 주고 리브가의 유모를 동행시켜 보냈다. 이렇게 리브가는 하나님의 뜻에 순종하여 천만인의 어미가 되고 그녀의 씨가 원수의 성문을 얻는 축복된 존재가 된다(창24:60). 그 결단으로 그녀는 위대한 족장 가문의 일원이 되고 예수님으로 이어지는 언약 가문의 족보를 세우게 된다.

성경에 등장한 거룩한 순종자들의 공통된 특징은 순종의 길 앞에서 머뭇거리지 않았다는 것이다. 좋은 결단은 빠를수록 좋다. 바른 믿음은 약속의 길 앞에서 흔들리지 않고 뒤돌아보지 않는다. 우유부단하고 망설임은 소비적인 염려만 만들 뿐이다. 해야 할 일이라면 담대하게 결단하고 즉시 순종해야 한다.

리브가는 심히 예쁘고 남자보다 더 담대한 결단력을 가진 여인이었지만 자기 남편 앞에서는 참으로 정숙하고 겸손한 여인이었다(64-65). 저녁 무렵, 이삭은 들에서 묵상하다가 종의 일행이 돌아오는 것을 본다. 리브가는 종으로부터 그 사람이 자기 남편 될 사람이라는 얘기를 듣고 즉시 너울을 가지고 자기 얼굴을 가렸다. 너울을 가린 것은 당시 풍습에 따라 정결한 여인으로 한 남편에게 자신을 드리겠다는 표현이다.

종은 이삭을 만나 그동안 하나님이 역사하신 모든 것을 이야기해 주었다. 이삭은 하나님이 택해 주신 리브가를 자기 아내로 맞아 결혼하고 어머니를 잃은 슬픔을 아내 리브가를 통해서 위로받게 된다.

셋째. 리브가는 세상 질서에 순응하지 않고 담대하게 하나님의 뜻에 순종했다(창27:5-14).

리브가와 이삭 사이에 쌍둥이가 잉태되었다. 두 아이가 어미 뱃속에서부터 다툼이 심하자 걱정이 된 리브가가 하나님 앞에 기도했다. 그녀의 삶의 방식은 문제를 만나면 하나님 앞에 나와 기도하는 것이다.

하나님이 리브가에게 말씀하셨다(창25:23). '두 국민이 네 태중에 있구나. 두 민족이 네 복중에서부터 나누이리라. 이 족속이 저 족속보다 강하겠고 큰 자가 어린 자를 섬기리라' 두 자녀의 미래에 대한 하나님의 응답이다. 어머니 리브가의 두 아이에 대한 자세는 하나님의 응답이 기준이었다. 당시 전통과 문화는 장자 우선이다. 아버지 이삭은 장자 에서를 사랑했고 어머니 리브가는 동생 야곱을 더 사랑했다.

이삭이 나이 많아 눈이 어두워지자 맏아들 에서를 불러 말했다. '이제 내가 늙어 어느 날 죽을지 알지 못하니 너의 화살과 활을 가지고 들에 가서 사냥해 내가 즐기는 별미를 만들어 가져와 먹게 한 후 내가 죽기 전에 내 마음껏 네게 축복하게 하라' 이 이야기를 어머니 리브가가 엿듣고 에서가 사냥하러 들로 나가자 둘째 야곱을 불렀다. '염소 떼에 가서 좋은 염소 새끼 두 마리를 내게로 가져오면 내가 그것으로 네 아버지가 즐기시는 별미를 만들어 주리니 너는 그것을 아버지께 가져가 잡수시게 한 후 아버지가 죽기 전에 네게 축복하게 하라'

리브가는 결정적인 순간에 믿음의 결단을 할 줄 아는 여인이었다. 남편 이삭이 하나님의 뜻을 저버리고 세상의 풍습을 따라 에서에게 장자의 축복을 하려는 것을 알고 남편의 식습관을 이용해 둘째 야곱이 그 축복을 받아내도록 한 것이다. 리브가는 두 아들 사이가 멀어져 갈등하는 일이 있을지라도 과감하게 하나님의 뜻을 선택하고 그 뜻에 순종하는 여인이다.

리브가는 하나님의 부르심을 받아 약속의 땅으로 갔던 아브라함의 믿음에 관한 이야기를 그의 늙은 종의 입을 통해 듣고 아브라함의 믿음에 순종했다. 리브가는 직접 만나보지 못했지만, 주인에게 순종하는 늙은 종과 그런 충성스러운 종을 보고 아브라함의 믿음을 이해했을 것이다. 이런 지혜는 평소 주어진 지정석에서 맡겨진 지정역할에 순종하며 살 때 나타나는 은혜다.

리브가는 순종의 길 앞에서 머뭇거리지 않았다. 하나님의 뜻이라는 것이 확인되면 미루지 않아야 한다. 순종의 기회가 주어진다는 것은 은혜이고, 그 은혜에 즉시 순종한다는 것은 더 큰 은혜다. 리브가는 열흘간 머무는 동안 마귀가 틈을 탈 수 있다는 것을 안 지혜로운 여인이었다.

리브가의 순종은 그리스도의 신부 된 자의 순종이다. "딸이여 듣고 생각하고 귀를 기울일지어다 네 백성과 아비 집을 잊어버릴지어다 그리하면 왕이 너의 아름다움을 사모하실지라 저는 너의 주시니 너는 저를 경배할지어다"(시45:10-11).

12.
십보라의 순종

(출4:24-26). 찬송 84장 "온 세상이 캄캄하여서"

모세와 결혼해 두 아들을 낳아 아옹다옹 행복하게 40년을 살아가던 십보라에게 이해할 수 없는 일이 벌어졌다. 어느 날 양을 치러갔던 남편이 호렙산에서 하나님을 만나 사명 받았다고 하며 애굽으로 가겠다고 한다. 말도 어눌한 남편이 한 민족의 지도자가 된다는 것이 이해되지 않았다.

십보라는 모세라는 남자의 아내로 만족했고 그 이상 다른 것을 바란 적도 없다. 평범한 아내와 다정한 엄마로 살고 싶은 그녀는 애굽에서 학대받는 이스라엘 민족을 구원해야 한다며 떠나는 남편을 따라나서는 것이 썩 내키지 않았다. 하지만 가정의 머리인 남편을 따라가는 길을 망설일 수는 없었다.

첫째. 십보라는 남자들이 하던 일도 마다하지 않고 부모에게 순종하는 여자였다(출2:11-22).

모세가 자기 형제를 치는 애굽 관리를 쳐 죽인 후 바로의 낯을 피해 미디안 광야로 도망가 머물고 있을 때다. 당시 관리를 죽이는 것은 국가 반역죄다. 하루는 우물곁에 있는데, 미디안 제사장의 일곱 딸이 물을 길어 구유에 채우고 '그들의 아버지의 양 떼에게 먹이려 하는데' 다른 목자들이 와서 그들에게 행패를 부린다. 모세는 주저하지 않고 일어나 여자들을 도와주었다. 모세와 십보라의 운명적인 만남이 시작되었다.

십보라와 일곱 소녀가 치는 양을 그들의 양이라 하지 않고 '그들 아버지의 양'이라고 말한 것은 딸들이 부모에게 순종하고 있음을 의미한다. 동시에 이들에게 행패를 부린 자들을 '목자들'이라 하는 것을 보면 당시도 양 치는 일은 주로 남자들이 하던 일임을 알 수 있다. 하지만 십보라는 남녀의 일을 구분하지 않고 부모에게 순종하는 여자였다.

십보라는 아버지의 말씀에 순종해 살인자로 쫓기고 있는 모세와 결혼했다. 십보라의 아버지 미디안 제사장 이드로는 평소보다 빨리 집으로 돌아온 딸들에게서 오늘 일어난 일에 대해 듣고 모세를 초청해 음식을 나눈다. 모세가 그 집에 동거하기를 기뻐하자 이드로는 그의 딸 중에서 십보라를 모세와 결혼시켜 가정을 이루게 한다.

아무리 자기들을 목자들의 행패에서 도와주었다고 하더라도 지금 모세는 쫓기는 살인자고 떠돌이다. 그런 모세와 결혼하라는 아버지의 말에 십보라는 군말 없이 순종했다. 평소 부모에 대해 순종이 몸에 배어 있지 않으면 어려운 일이다. 하나님은 이들 부부에게 '게르솜'과 '엘리에셀' 두 아들을 선물로 주셨다.

하나님의 임재에는 사명이 있다(출3장). 행복한 가정을 꾸려 40년 동안 살던 모세에게 하나님께서 찾아오셨다. 하루는 모세가 장인 이드로의 양 떼를 인도하여 하나님의 산 호렙에 이를 때다.

여호와의 사자가 불이 붙었으나 사라지지 않는 떨기나무 가운데서 나타나 모세를 불렀다. "나는 네 조상 아브라함의 하나님, 이삭의 하나님, 야곱의 하나님이다. 내가 애굽에 있는 내 백성의 고통을 분명히 보고 그들이 그들의 감독자로 말미암아 부르짖음을 듣고 그 근심을 알고 내가 내려가서 그들을 애굽인의 손에서 건져내고 그들을 그 땅에서 인도하여 아름답고 광대한 땅, 젖과 꿀이 흐르는 땅으로 데려가려 하니 이제 가라"

모세는 "내가 누구이기에 바로에게 가며 이스라엘 자손을 애굽에서 인도하여 냅니까. 나는 입이 둔한 자입니다."라며 불순종의 핑계를 댄다. 하나님은 그런 모세를 설득하시고 모세가 진정 두려워하고 있는 것도 말씀하신다. "애굽으로 돌아가라. 네 생명을 찾던 자가 다 죽었느니라"(출4:19) 과거가 두려운 것은 죄의 잔상 때문이다. 하나님께서 나를 순종의 길로 부르실 때는 나의 두려움의 요소까지 제거해 주시고 부르신다.

둘째. 십보라는 남편이 당하는 고난을 보면서 자신의 불순종을 깨닫고 즉시 남편을 대신해 밀린 순종을 하는 여자였다(출4:18-26).

십보라는 위기의 순간에 밀린 불순종의 내용을 찾아 즉시 순종할 줄 아는 여자였다. 모세는 더는 여호와께 불순종할 수 없다는 것을 깨닫고 장인에게 작별인사를 하고 하나님의 지팡이를 손에 잡고 아내와 아들들을 나귀에 태우고 애굽으로 출발한다.

순종의 길로 출발한 모세를 여호와께서 한 숙소에서 만나 죽이려 하신다. 이를 본 십보라가 차돌을 취해 아들의 양피를 베어 모세의 발 앞에 던지며 '당신은 참으로 내게 피 남편입니다'라고 했다. 그러자 여호와께서 모세를 놓아주셨다.

십보라는 하나님께서 남편을 죽이려 한 이유가 바로 자신의 불순종 때문이라는 사실을 깨닫고 즉시 그 밀린 순종을 했다. 죽여야만 하는 이유는 죄 때문이고 피 흘림은 죄 용서의 상징이다(히9:22). 죄인이 사는 길은 자신이 죄인이라는 것을 인정하고 하나님의 외아들 예수가 십자가를 지고 나의 죗값을 치르셨다는 것을 믿고 그 예수 그리스도를 나의 주로 영접하는 것이다.

하나님께서 순종의 길을 가는 모세를 죽이려 한 것은 모세에게 불순종이 남아 있었기 때문이다. 십보라의 이해 부족으로 모세의 아들 중 하나가 할례를 받지 않았던 것이다. 당시 이스라엘 민족을 제외한 팔레스타인의 다른 민족들은 할례를 전면 부정하고 있었다. 모세가 첫째 아들은 아내를 설득해 할례를 행했지만 둘째 아들은 당시 이방 문화로 인해 십보라가 반대했을 것이다.

아내 십보라가 반대해 불순종했는데 하나님께서 십보라가 아닌 모세를 죽이려 하신 것은 모세가 순종의 질서에 우선순위에 있기 때문이다. 하나님은 남편 모세를 흔들어 아내 십보라가 순종하길 바라셨다. 모세가 순종해야 하는 대상은 여호와 하나님이다. 그러나 십보라는 40년을 함께 살면서도 남편 모세가 순종하는 대상이 누구인지 알지 못하고 있었다. 하나님은 이런 십보라를 순종의 길로 이끌기 위해 남편을 사용하셨다.

하나님께서는 모세가 평범한 사람 중 하나로 있을 때는 그냥 놓아두셨지만, 그가 생명을 구하러 나설 때는 밀린 순종을 정리하기 원하셨다. 하나님께서 사용하기 위해 불러 설득할 때는 문제 삼지 않았으나 그 순종의 길로 갈 때는 흠 없는 자로 만들어 보내신다. 영적 대가족 가운데 십보라처럼 가족 중 누군가 고통을 당할 때 그의 불순종을 대신해 줄 수 있는 중재자가 있어야 한다.

셋째. 십보라는 남편의 순종의 빈자리를 채워주는 순종을 하며 살았다.

십보라는 남편이 없는 동안 가정을 지키며 자녀들을 교육하는 일에 순종했다. '피 남편' 사건 이후 모세는 아내와 가족들을 장인이 있는 미디안으로 돌려보냈던 것 같다. 십보라는 남편과 동행하지 못하고 미디안으로 돌아와 오랫동안 남편을 보지 못하고 지낸다. 애굽에서 남편이 하나님의 말씀을 따라 여러 재앙으로 바로 왕과 대결하며 힘겨운 싸움을 하고 있다는 소식을 들을 때는 불안하고 초조했을 것이다. 평범한 이웃 가정의 화목한 모습이 부러웠을 것이다.

얼마의 시간이 흐르자 이스라엘 민족이 홍해를 건너 광야에 이르렀다는 소식을 듣게 되었다. 십보라는 두 아들과 함께 아버지를 모시고 즉시 남편을 찾아갔다. 오랫동안 보지 못하던 남편이 기쁘게 맞이해 줄 줄 알았는데, 남편은 지난 40년간 광야에서 평범한 생활을 누리던 그가 아니었다.

이른 아침부터 저녁까지 장막 앞에는 백성들이 다양한 사연을 안고 찾아와 줄을 서 있었고 남편의 얼굴에는 피곤함이 역력해 보였다. 가족끼리 둘러앉아 지나온 일들을 나눌 시간도 없었다. 남편이 이룬 위대한 출애굽의 역사나 홍해 바다를 건너온 기적도 다른 사람을 통해 들어야 했다. 하지만 십보라는 불평하지 않았다.

십보라는 비로소 한 지도자의 아내와 가정에 대해 깨닫고 가정에서 남편 몫의 순종까지 했다. 두 아들의 교육과 삶을 책임지며 남편을 위해 더욱 간절하게 기도했을 것이다. 그리고 그 삶을 통해 남편이 순종하는 여호와 하나님에 대해 배웠을 것이다. 순종은 이해해서 하는 행동이 아니다. 과정을 통해 이해되는 것이다. 순종은 순간의 상황을 모면하고 보자는 처세와는 다르다. 세상에 대해서는 죽고, 하나님께 대하여 사는 것이고 갈 바를 모르지만 명령받은 낯선 길로 가는 것이다.

우리 안에 미루어 온 불순종을 즉시 순종해서 해결해야 하는 상황에 직면할 때가 있다. 여호와는 더디 노하시고 오래 참으시지만, 불순종을 그대로 두시지 않고 때가 되면 밀린 순종을 정리하라고 하신다.

하나님은 순종의 낯선 길을 가는 모세를 죽이시려고까지 하면서 십보라를 순종으로 끌어내셨다. 하나님은 내가 없어도 그가 계획하신 일을 얼마든지 하실 수 있는 전능자시다. 그 하나님께서 나를 부르신 것은 나의 불순종을 깨닫고 밀린 순종을 하길 원하시기 때문이다.

13.
요게벳의 순종

(출2:1-10). 찬송 : 336장 "환란과 핍박 중에도"

　　모세의 마음에는 히브리 민족을 향한 애끓는 마음이 있었다. '물에서 건지다'라는 의미의 '모세'라는 이름을 지어준 사람은 바로의 공주이지만 모세에게 이런 민족애와 담대함을 갖게 한 사람은 그의 생모 요게벳이다. 모세는 엄마의 젖뿐만 아니라 엄마의 가슴에 새겨진 말씀도 동시에 빨아먹으며 그의 가슴에 새겼다. 엄마의 눈동자와 마주치며 웃을 때마다 엄마의 눈에서 빛나는 말씀을 보았을 것이다(신6:6-7).

　　첫째. 요게벳은 시대 상황이 하나님의 말씀을 따라 살기에는 불가능한 환경 속에서도 하나님의 창조 질서에 순종했다(1-2).

　　요게벳이 결혼하고 잉태하여 모세를 낳을 때는 요셉을 알지 못하는 새 왕이 애굽을 다스리며 히브리 민족 말살 정책을 시행 중일 때다. 애굽에 내려간 이스라엘 민족의 최대 위기 상황에서 요게벳은 결혼하고 아이도 낳았다.

바로는 이스라엘 백성이 점점 강성해지자 반란에 대해 두려움을 느껴 그들 위에 감독관을 세우고 이스라엘 백성을 동원해 곡식을 저장하는 비돔과 라암셋 성을 쌓게 했다. 힘들게 일하면 생육과 번성이 멈출 줄 알았다.

그러나 이스라엘 백성은 억압을 받을수록 더욱 번성해지고 그 수가 늘어났다. 이에 바로는 이스라엘 백성에게 흙을 이겨 벽돌을 만들게 하고 동시에 밭일 등 온갖 고된 일로 더욱 괴롭고 혹독하게 부리며 억압했다.

동시에 히브리 산파 십브라와 부아를 불러 '히브리 여인의 해산을 도울 때, 아들이면 죽이고, 딸이면 살려두라'라는 사내아이 살인 명령을 내렸다. 그러나 이 산파들은 하나님을 두려워하여 바로의 명령을 어기고, 남자아이들을 살려두었다. 이에 화가 난 바로가 모든 백성을 향해 '태어난 히브리 남자아이는 모두 강물에 던지고, 여자아이들만 살려두라'라고 명령한다.

이처럼 바로의 민족 말살 정책이 선포된 가운데 레위 청년 아므람과 레위 여자 요게벳은 결혼하고 새 생명도 잉태하며 창조의 질서에 순종했다. 문명사회가 될수록 젊은이들이 갖가지 핑계를 대며 결혼을 미루거나 하지 않으려 한다.

결혼은 하나님께서 자신이 창조한 세계에 첫 번째로 세우신 창조의 질서다(창2:22-25). 하나님은 아담과 하와가 하나 되는 결혼을 통해 생육과 번성을 이루어가게 하셨다. 전쟁 중에서도 결혼은 해야 하고, 큰 죄를 짓고 감옥에 있어도 결혼의 기회는 주어진다.

생육과 번성은 결혼이라는 순종의 과정을 통해 이룰 수 있는 은혜다. 이 법은 인간이 개발하고 만들어 가는 문명 이전에 제정되었기 때문에 인간이 쌓아가는 문명의 영향을 받지 않고도 순종할 수 있다. 야곱의 가족 70여 명이 애굽 생활 400여 년 만에 2백만이 넘는 숫자로 불어난 것이 그 확실한 증거다.

문명의 이기는 생명을 낳아 기르는 일을 점점 멀리하게 한다. 세상을 즐기는 시간은 바빠졌고 쾌락을 위한 소비는 늘어났다. 타락이다. 타락은 하나님께서 주신 축복의 방법과 도구를 하나님의 뜻이 아닌 자신의 이기적 즐거움을 위해 사용하는 것이다.

믿음의 조상 아브라함, 이삭, 야곱과 약속하신 하늘의 별과 바닷가의 모래알같이 많은 민족을 이루는 길도, 이 창조의 질서 속에 있었다. 어리석은 바로는 이스라엘 민족이 육체적으로 힘들면 생육과 번성이 멈출 줄 알았다. 창조의 법칙과 질서는 창조주의 섭리를 따르기 때문에 인간이 세운 환경의 영향을 받지 않는다.

요게벳과 아므람의 믿음을 이 시대 젊은이들이 회복해야 한다. 결혼해서 아이를 낳아야 원하는 집도 마련하고 더욱 열심히 삶을 살 수 있다. 하나님이 세우신 창조의 질서에 순종하면 하나님이 그의 삶과 그들을 통해 태어난 생명을 지키신다는 믿음이 생명을 이어가는 결혼의 법에 순종하는 비결이다.

둘째. 요게벳은 자기에게 맡겨진 생명을 지키는 일에 목숨을 건 담대한 순종을 했다(2-4).

이들 부부는 생명이 잉태되었지만, 마냥 기뻐할 수 없었다. 어쩌면 이들은 이 아이가 딸이길 바랐을 것이다. 그래야만 살 수 있기 때문이다. 그런데 덜컥 아주 잘생긴 아들을 낳았다. 당장 아들을 강물에 버려야 하는데, 어떡하든지 살리고 싶어 석 달 동안 숨겨 길렀다.

생명을 지키는 일은 강하고 담대한 믿음과 순종이 필요한 일이다. 요게벳이 인종 말살 정책인 살인 명령 속에서도 모세를 포기하지 않고 믿음으로 담대하게 그 생명을 지킬 수 있었던 것은 그 아이의 얼굴에서 하나님의 형상을 보았기 때문이다(행7:20, 히11:23). '하나님 보시기에 아름답다는 것'은 하나님께서 창조하신 생명이기 때문이고 '부모가 아름다운 아이임을 보았다'라는 것은 아이의 모습에서 하나님의 형상을 보았다는 것이다.

요게벳과 아므람은 믿음으로 아이에게서 하나님의 형상을 보았고, 믿음으로 이 아이를 통해서 하나님이 하실 일을 생각했기에 왕의 명령도 무서워 아니하고 목숨을 걸고 생명을 지킬 수 있었다. 성도는 자녀에게서 하나님의 형상을 본다.

믿음과 순종의 길에 강하고 담대함이 있고 지혜가 숨겨져 있다.

목숨을 건 순종은 생명을 주신 이가 하나님이시라면 생명을 지키시는 이도 하나님이시라는 믿음에서 나온다. 하나님에 대해 믿음은 모든 생명을 준수하고 아름답게 보게 한다. 요게벳에게 이런 믿음이 있었기에 그녀는 삼 개월 동안 숨어서 아이의 생명을 지키는 일에 순종할 수 있었다.

살인 명령을 내린 바로가 생명의 주인이 아니다. 죄로 죽은 생명을 살리신 부활의 주님이 생명의 주인이다(요11:25-26). 생명의 가치는 생명의 주인이신 하나님께서 천하보다 귀한 것이라고 정하셨다(마16:26). 모든 생명은 하나님으로부터 인정받은 존재다. 하나님의 허락 없이는 생명의 잉태도 번성도 죽음도 없다.

기독교는 물질을 사랑하는 종교가 아니다. 생명을 사랑하고 생명을 잉태하고 생명을 지키고 보호하는 종교다. 하나님 나라는 생명만 가는 곳이지 물질이 가는 곳이 아니다. 어리석은 자들은 소유의 넉넉함이 생명을 보장해 줄 것으로 착각한다. 사람의 생명은 소유의 넉넉함에 있지 않다. 예수가 길이요 진리며 생명이다.

요게벳과 아므람, 그의 가족과 이웃들이 최선을 다해 어린 생명을 보호하며 길렀지만, 아이가 커가면서 더는 숨겨 기르는 것이 불가능해졌다. 어쩔 수 없이 갈대 상자에 물이 스며들지 않도록 잘 손질해서 그 안에 아이를 넣어 갈대숲에 놓아두었다.

생명의 주인이 힘주시고 허락하신 곳에 이를 때까지 최선을 다

하고 그다음은 생명의 주인에게 맡긴 것이다. 모세를 '갈대 상자'에 넣어 물에 띄웠다는 것은 하나님께 맡겼다는 신앙고백이다(출2:3). '갈대 상자'는 성전 되신 구원의 주 예수 그리스도를 예표 한다.

모세를 담은 갈대 상자를 갈대숲에 두고 아이의 누나가 멀찍이 서 어떻게 될까, 지켜보았다. 마침 바로의 딸이 목욕하러 강에 나왔다가 상자를 발견하고 열어 보니 잘 생긴 아이가 울고 있다.

공주는 이 아이는 히브리 여인의 아이라는 것을 금방 알았다. 아무리 사랑받는 공주이지만 국법을 어기는 용기를 내는 것은 어려운 일이다. 생명의 주인이신 하나님께서 공주에게 은혜를 베푸셔서 모세의 생명을 지키셨다.

셋째. 요게벳은 하나님의 약속의 말씀을 믿고 그 말씀으로 자녀를
교육하는 일에 순종했다(신6:6-7).

유대인의 가장 독특한 교육 방법은 하나님의 말씀을 가르치는 것이다. 요게벳은 품에 있는 모세에게 젖만 먹인 것이 아니라 여호와의 약속의 말씀과 자기 민족 이스라엘에 관해 이야기를 들려주었다. "너는 애굽 사람이 아니고 히브리인이란다" "히브리인은 하나님께서 택한 민족이고 하나님의 약속을 받은 민족이란다" "하나님은 너의 조상 아브라함과 이삭과 야곱과 약속하시고 이곳까지 인도해 오셨단다" 속삭여 주며 기도했을 것이다. 아버지와 상관없이 어머니가 유대인이면 그의 자녀는 유대인이 되는 전통이 이렇

게 해서 생겨났다.

요게벳이 젖을 먹이며 하늘의 일용할 양식을 속삭여 준 교육이 모세를 '바로의 공주의 아들이라 칭함을 거절하고 도리어 하나님의 백성과 함께 고난 받기를 잠시 죄악의 낙을 누리는 것보다 더 좋아하고 그리스도를 위하여 받는 수모를 애굽의 모든 보화보다 더 큰 재물로 여기며' 출애굽의 길을 인도하게 한 배경이다(히11:24-26). 아마도 모세는 궁궐 생활이 어려울 때마다 그 어머니가 계신 곳을 찾아가 새 힘을 얻었을 것이다.

어머니가 할 수 있는 최대의 사랑은 하나님의 말씀으로 자녀를 양육하는 것이다. 모세는 가장 어린 유아기, 누군가의 도움이 절대적으로 필요한 시기에 믿음과 순종의 어머니 요게벳으로부터 약속의 말씀을 들으며 자랐다. 자녀가 모세처럼 훌륭한 지도자가 되길 바란다면 자신이 직접 하나님의 말씀으로 교육하든지 그것이 어려우면 생명의 가치를 아는 자에게 맡겨야 한다.

하나님이 주신 생명은 하나님께서 주신 하늘의 일용할 양식, 약속의 말씀을 먹어야 살 수 있다. 우리가 말씀을 버리면 하나님은 우리 자녀를 버리겠다고 말씀하셨다(호4:6-10). 하나님의 말씀을 가르치고 기도하는 것이 자녀를 위한 최고의 투자다. 그런 자녀들이 부모에게 순종할 것이다. 모세에게 믿음의 어머니 요게벳이 있었듯이 믿음의 사람들 배경에는 믿음과 순종의 어머니가 있었다.

14.
공주의 순종

(출2:1-10). 찬송 341장 "십자가를 내가 지고"

출애굽기에는 바로의 명령을 거부한 세 여인이 있다. 첫 번째로 바로의 명령을 거부한 여인은 모세의 어머니이고 다음은 히브리 산파 십브라와 부아다. 그들은 보이는 세상의 힘으로 생명을 죽이려는 바로를 두려워하지 않고 보이지 않지만, 생명의 주인이신 하나님을 두려워한 자들이다.

하나님은 하나님을 두려워하는 그들의 집안을 번성하게 하셨다. 세 번째로 바로의 명령을 거부한 여인은 바로의 딸 공주다. 바로의 공주는 갈대 상자 안에서 울고 있는 아이가 죽여 없애야 하는 히브리인의 사내아이인 것을 알고도 바로의 명령을 거부하고 그 생명을 살렸다.

바로의 공주는 구원의 역사에 중요한 역할을 한 모세의 생명을 구해주었는데도 그 이름이 없다. 그냥 '바로의 딸'이라고만 소개한다. 이름이 없고 그녀에 대한 기록이 짧다는 것 때문에 자칫 그녀의 공로와 헌신을 대수롭지 않게 생각할 수 있다. 그러나 그 여인이 없었다면 출애굽의 지도자 모세는 존재할 수 없었다.

첫째. 바로의 공주는 생명을 살리는 일에 순종했다(행7:18-22).

당시 상황은 세상에 태어나는 순간 죽여야 할 생명과 살려야 할 생명으로 나뉘어 있었다. 히브리 민족의 남자아이로 태어나면 죽여야 할 대상이다. 이것은 당시 세상을 통치하던 준엄한 바로 왕의 명령이다. 애굽 왕의 통치 영역 안에 있는 모든 사람은 물론이고 그 생명을 낳은 부모도 거역할 수 없는 명령이다.

모세의 부모 아므람과 요게벳은 모세를 더는 숨겨 키울 수 없기에 갈대 상자에 넣고 나일강 갈대숲에 두었다. 자칫 모세가 발각된다면 모세의 온 가족이 바로에게 처벌받아야 한다.

스데반은 이 부분을 '버려졌다'라고 했다(행7:21). 모세가 그 부모로부터 버림당했다는 것이다. 부모에게 버림받은 생명을 살인 명령을 내린 왕의 딸이 구해주었다. 이 아이의 주인은 그를 낳은 부모도 아니고 바로도 아니라는 것이다. 생명은 더 높은 존재가 지키고 보호한다는 것이다.

애굽인들은 나일강을 '애굽의 어머니'로 숭배했다. 나일강에서 목욕하면 여인들이 많은 자녀를 잉태한다고 믿었다. 바로의 딸도

시녀들의 호위를 받으며 나일강에서 목욕하던 중, 아기를 발견하고 강한 모성애를 느꼈던 것 같다.

그녀는 아이를 보고 이 아이가 히브리 민족의 아이라는 것을 알았지만 자기가 키우고 싶은 마음이 들었다. 그녀의 신분이 공주이든 왕비이든 이미 왕의 준엄한 명령이 내려진 당시 상황에서 히브리 민족의 사내아이를 기른다는 것은 절대 쉬운 결정이 아니다. 왕의 명령에 불순종은 반역죄다.

더군다나 그녀는 모든 백성의 모범이 되어야 하는 공주 신분이다. 그런 그녀가 국법을 어기며 히브리 사내아이의 생명을 구해주고 기른다는 것은 생명의 주인이신 하나님에 대해 순종이 아니고는 불가능한 일이다.

바로의 딸, 공주는 한 생명을 살리기 위해 목숨을 건 순종을 한 것이다. 이 시대 기독교인들이 해야 할 순종이 바로 이런 순종이다. 세상이 기독교와 교회를 가볍게 여기는 것은 성도들이 이처럼 생명을 향한 순종이 부족해서다. 비생명체인 물질을 위해 더 순종하기 때문이다.

둘째. 공주는 그가 살린 생명이 어른이 될 때까지 최고 교육의 기회를 제공하고 양육하는 일에 순종했다(행7:21-22).

공주는 어린 모세를 그의 어머니의 품에서 당장 가로채지 않았다. 모세는 나일강에서 바로 궁으로 들어간 것이 아니다. 숲에서 지켜보던 모세의 누나 미리암의 제안을 받아들여 아이에게 어미의 젖을 빨 기회를 주었다.

내 욕심에 끌려 당장 어미의 젖에서 빼앗아 내 생각과 문화를 고집하지 않았다. 그가 그의 어미의 젖을 빨며 그의 영혼이 정체성을 정립할 기회를 주었다. 그의 어미가 세상의 염려 때문에 두려워 떨며 젖을 물리지 않도록 그의 어미까지도 책임져 주었다.

젖먹이에게 필요한 대상은 생명을 이어갈 젖을 가진 어머니다. 공주는 어린 생명에게 필요한 것은 신분이 높고 모든 것을 다 가진 '공주'가 아니라는 진리를 아는 여자였다. 공주는 유아기에는 젖을 가진 어머니가 필요하다는 아이의 심정을 헤아릴 줄 알았다.

생명을 향한 공주의 사랑과 배려 속에 모세는 친어머니의 젖을 먹으며 젖 뗄 때까지 자랐다. 공주의 마음은 가진 자의 여유에서 오는 자비가 아니다. 공주의 순종과 사랑은 생명을 아는 자만이 할 수 있는 사랑이고 순종이다.

아이가 젖을 떼자 바로의 딸에게 데려가 공주의 아들이 된다. 공주는 아이의 이름을 "이는 내가 그를 물에서 건져내었다"라는 의미의 '모세'라고 지었다. 모세라는 이름을 공주가 직접 지어주었다는 것은 자기 친자식같이 여겼다는 말이다. 죄의 종노릇을 하던 우리의 죄를 십자가 보혈로 사하시고 의의 옷을 입혀 주신 하나님의 사랑이다.

공주는 자기가 구한 어린 생명이 어른이 될 때까지 최고로 먹이고 가르치고 교육하는 일에도 순종했다. 젖을 뗀 후부터 모세는 히브리 민족 말살 정책, 살인 명령이 내려진 그 권력 한가운데서 공주의 보호를 받으며 당대 최고의 교육을 받으며 40세까지 자란다.

공주는 한순간 감정에 의해 생명을 살린 것이 아니다. 그 생명이 어른이 되어 스스로 판단하고 책임지며 세상을 살 수 있을 때까지 먹이고 가르치는 일에도 순종했다.

공주의 순종이 이 시대 사명자들의 순종이 되어야 한다. 기분 내키면 평생 책임질 것처럼 예뻐하다가 조금 마음에 들지 않으면 싸늘하게 식어버리는 사랑과 순종으로는 생명을 바르게 양육할 수 없다.

인간의 무서운 탐욕은 생명을 이용해 나의 욕심을 채우려 한다. 인격체는 애완동물이 될 수 없다. 그러나 현시대 상황은 동물이 사람의 사랑을 대신 받는 듯하고 하나님의 형상을 닮은 인간은 비인격체로 전락한 듯하다.

스데반은 "모세가 애굽 사람의 학술을 다 배워 그 말과 행사가 능하더라"(행7:22)라고 했다. 모세는 친모의 품에서 하나님의 약속과 이스라엘 민족의 역사를 들었다. 그리고 앞으로 이스라엘 민족을 이끄는 데 필요한 세상 교육은 공주 어머니에게 배웠다.

모세는 당시 애굽에서 가장 뛰어난 학자들에게 개인 교습을 받았을 것이다. 기하학, 천문학, 역사학, 무술, 전술 전략, 그리고 파

피루스에 글을 기록하는 인쇄술까지 익혔을 것이다. 이것들은 훗날 모세가 이스라엘 백성을 인도하고 또 성경을 기록하는 데 필요한 것들이다.

셋째. 공주는 자기가 구하고 양육하고 교육한 생명, 모세가 자기 사명의 길을 가도록 순종했다(히11:24-26).

어른이 된 모세는 공주의 사랑보다 진리를 택했다. 공주는 그런 모세의 뜻에 순종했다. 모세는 사십 세쯤 되던 시기에 일생일대의 결단을 한다.

고난 받는 자기 민족에 대한 사랑을 뿌리칠 수가 없었다. 자기 민족들이 노역하는 현장에 갔다가 동족을 괴롭히는 애굽 관원을 살해한 일로 인해 모세는 바로 공주의 사랑과 보호, 애굽 왕실의 행복과 영광과 영원히 결별하게 된다.

그녀는 강물에 버려져 죽어가는 생명을 살려내 40년 동안 최고의 교육을 받게 했다. 그런데 그 아들이 그의 아들로 남기보다 노예들과 함께 고난 받겠다고 나선다. 성경 어디에도 공주가 모세를 붙잡으려고 설득하고 가지 못하게 막았다는 말이 없다.

사람들은 한 사람을 조금만 도와주어도 그가 자기 뜻에 순종해주길 바란다. 그러나 바로의 공주는 버려진 그의 생명을 구원해 40년을 기르고 양육한 아들 모세가 자기 길을 간다고 할 때 자기 힘을 행사하지 않고 그가 가는 길을 가도록 순종했다.

모세가 애굽 관리를 죽인 일이 들통나자 공주 어머니께 인사도 하지 않고 급하게 도망쳤다고 생각할 수도 있다. 그러나 이미 공주는 아들 모세가 가고자 하는 길, 가야 할 길을 알았을 것이다. 어미는 아들을 안다. 그녀는 모세가 생각하는 것, 꿈꾸는 것, 관심 있게 보는 게 무엇인지 알았을 것이다.

철이 들면서 몰래 유모, 히브리 어머니, 그를 버린 어머니와 가족을 찾아가는 것이 잦아진 것을 보면서 마음의 준비를 했을 것이다. 그때마다 공주는 모세를 설득하고 그러지 말라고 하기보다 속으로 그의 결단에 순종해야 할 순간을 준비했을 것이다. 그리고 그 길을 응원했을지도 모른다. 복음을 전하는 모든 자가 회복해야 할 마음이다.

많은 선교사가 있지만, 현지인들은 우리의 헌신과 사랑을 신뢰하지 않는다. 우리가 먹고사는 한 방법 정도로 이해한다. 그들의 하나님의 뜻에 순종하기보다 선교사에게 순종해야 한다고 강요하기 때문이다.

생명을 향한 순종은 그 생명이 품은 사명에 함께 순종하는 것이다. 우리 안에는 아주 인색한 사랑을 베풀고도 몇 배의 대가를 기대하는 나쁜 마음이 있다. 생명을 살리는 일에 보상을 기대해서는 안 된다.

모세를 양육해 준 바로 공주는 하나님의 선하신 도구로써 그 역할에 순종했다. 하나님께서 공주에게 생명을 불쌍히 여기는 마음

을 주셨듯이 우리에게 필요한 마음도 생명을 불쌍히 여기는 마음
이다. 바로의 딸이라고만 소개하고 그녀의 이름을 말하지 않은 것
은 자기가 구해서 기른 아이의 이름이 높아지기 위해서는 자기 이
름은 없어져야 해서인지 모르겠다.

　생명을 기르는 자가 자기 이름을 남기려 하면 그 생명이 상처를
받아야 한다. 그러나 기르고 양육한 자가 자기 이름을 감추면 그
생명이 용기를 얻고 더욱 담대하게 자기 소명의 길을 갈 수 있다.
선교사는 선교사란 신분만 남기고 자기 이름은 없어져야 하는 존
재다.

15.
브살렐의 순종

(출31:1-6). 찬송 208장 "내 주의 나라와"

건강한 교회는 큰 교회당에 많은 성도가 모이는 것이 아니다. 영적 실업률이 낮은 교회가 건강한 교회다. 죄인은 예배의 지정석을 예배의 지정시간에 지키고 있을지라도 예배의 지정역할이 없어 영적 실업자가 되면 하나님을 반역하는 죄에 빠질 수 있다.

반란이나 배신에는 그 중심에 돈이 있다. 애굽에서 나온 이스라엘 공동체가 심각한 정체성의 혼란에 빠졌다. 하나님께서 모세를 시내 산으로 불러 40일 동안 백성이 지키고 순종해야 할 율법과 지정역할을 부여하는 동안 산 아래 백성들은 반란을 일으킨다. 하나님께서 부르신 곳으로 나왔지만, 아직 자기가 해야 할 일을 찾지 못한 백성들이 모세가 보이지 않자 원망하고 불평한다.

급기야 아론을 충동질해 출애굽 당시 하나님을 섬기는 역할을 위해 준비시킨 금 고리를 모아 금송아지 형상을 만들어 그것이 자기들을 구원한 신이라고 섬긴다. 죄와 동맹하는 곳에는 자기 이름이 선명하게 드러나고 의와 연합하는 곳에는 자기 이름이 사라진다.

하나님은 흔들리는 이스라엘 백성의 마음을 성막을 짓는 일과 그 일에 책임자로 지명하여 세우신 브살렐의 순종을 통해 다시 하나 되게 하신다.

첫째. 브살렐의 순종은 모든 백성의 마음을 연합하게 하는 순종이다(출31:6).

연합은 마음이 하나 된다는 것이다. 마음은 물질로 표현되지만 (마6:21) 그 표현된 마음을 하나 되게 하는 것은 성령 충만한 지혜로운 하나님의 사람에 의해 이루어진다.

모세는 하나님께서 말씀하신 성막에 필요한 모든 품목을 말하고 선택하고 자원하여 기쁨으로 드리라고 하면서도 그 자리에서 불 끄고 헌금 바구니를 돌리거나 봉투를 돌려 작정하라고 하지 않고 백성들을 다 집으로 돌려보냈다(출35:20). 집에 가서 가족회의를 통해 여호와께 드릴 물건을 선택하고 자원하여 기쁨으로 드리라는 것이다.

다음날 백성이 선택하고 자원하여 가져온 물건들은 대부분 일상생활에서 사용하고 있던 것들이다. 지금 이스라엘 백성은 광야를 걷고 있어서 많은 물건을 가지고 다닐만한 형편이 아니다. 나그네

삶에 꼭 필요한 것, 늘 사용하고 있던 것 중에서 선택해 자원하여 드렸다.

삶의 기념품, 예물을 드렸고(22) 광야 생활에 필요한 생활 도구들을 드렸다(23). 집안을 꾸미는 장신구를 드렸고(24) 취미 생활에 필요하고 미래를 준비하고 있던 것을 드렸으며(25-26) 자신의 권위와 영광을 상징하는 것들을 드렸다(27). 이것들은 대부분 출애굽 전, 여호와의 유월절로 얻어진 산물들이다.

유월절의 긴박한 상황에서 이스라엘 자손들은 여호와가 모세를 통해 한 말대로 애굽 사람에게 은금 패물과 의복을 달라고 했고, 애굽 사람들은 그들이 구하는 대로 주었다(출12:35-36). 우리는 내가 소유하고 있는 것들이 내가 수고해 얻은 것으로 알지만, 사실은 하나님께서 맡겨놓은 것들이다. 그런데도 하나님은 이것을 백성들의 소유라고 하셨다.

욕심을 채우는 비결은 없다. 나의 욕심을 다 채우고 남은 것에서 선택하고 자원하겠다고 하니 늘 부족하여 허덕인다. 지금 내가 사용하고 있는 것 중에서 선택하여 기쁨으로 드렸을 때 차고 넘침이 있다.

브살렐에게 맡겨진 의무와 책임은 백성이 바친 이 물건들의 가치가 훼손되지 않게 하면서 서로 융합해 하나님의 영광이 거하는 성막과 그 안에 지정된 물건을 만드는 것이다. 지혜는 원재료의 장점을 변질시키지 않으면서 다른 것과 조화를 이루어 새로운 물건으로 만들어 내는 능력이다.

둘째. 모든 지체를 한 몸처럼 연합하게 하는 순종은 성령 충만해야만 가능한 순종이다(출31:3).

출애굽기에 하나님께서 사람을 쓰시면서 특별하게 직접 그의 이름을 지명하신 경우가 많지 않다. 하나님은 십부장, 오십부장, 백부장, 천부장도 지명하여 세우지 않고 능력 있는 자, 스스로 하는 자라는 원칙을 정해주고 너희들 알아서 하라고 하셨다. 여호수아도 하나님이 지명하여 세우지 않고 아말렉과 전투가 벌어지자 모세가 임명했다(출17).

그런데 사람을 상대하는 일도 아니고 물건으로 물건을 만드는 일을 하는 장인, 브살렐을 지명하여 부르시고 그에게 성령을 충만하게 하셨다. 성령 충만은 내가 원한다고 되는 것이 아니다. 하나님께서 하나님의 일을 맡긴 사명 자에게 필요를 따라 주시는 은혜다.

하나님께서 불러 세우시고 성령 충만하게 한 사람에게는 3가지 특징이 있다.

1. 성령 충만한 사람은 죄와 동맹하지 않는다(출32:2-5). 이스라엘 백성과 아론이 금송아지를 만드는 상황에 이스라엘 최고의 장인이던 브살렐과 오홀리압의 이름이 거론되지 않는 것을 보면, 브살렐

과 오홀리압은 아론과 함께 금송아지를 만드는 죄에 동맹하지 않은 자들이다.

요셉이 형제들에게 자기가 바로 당신들이 팔았던 요셉이라고 밝힌 후 그들을 용서한다. 그리고 아버지와 가족들을 모셔오라고 형제들을 가나안으로 보낼 때 수레와 길 양식, 각각 옷 한 벌씩을 주었다. 특별히 베냐민에게는 은 삼백과 옷 다섯 벌을 주었는데 그것은 그가 의인을 파는 일에 동맹하지 않았기 때문이다(창45:21-22). 성령 충만한 쓰임을 받기 원하면 의인을 핍박하거나 하나님을 거역하는 죄에 동맹하지 않아야 한다.

2. 성령 충만한 자는 지혜와 지식, 재능이 있음에도 여전히 노력하고 연구하는 자들이다(출31:4). 성령 충만은 지혜와 총명과 지식과 재주를 주시기도 하지만 동시에 그것에 만족하지 않고 계속해서 연구하고 노력하게 한다. 이들이 자기의 지혜와 재능만 의지하지 않고 계속 연구했다는 것은 이들은 자신의 지혜와 지식과 재주의 부족함을 아는 겸손한 자라는 것이다. 스스로 노력하지 않고도 지혜와 지식과 재주가 있는 성령 충만을 바라는 것은 죄다.

3. 성령 충만한 자는 자기처럼 지혜와 총명과 지식, 재주를 가진 다른 사람과 협력하는 자다(출31:6). 하나님은 브살렐에게 똑같은 장인, 기술자인 오홀리압을 지명하여 붙여준다. 마치 모세에게 손위 형을 붙여 놓은 것처럼 오홀리압이라는 인물을 지명하여 브살렐의 도우미로 붙여주셨다. 도움이 필요해서 그럴 수도 있으나 도

움이 필요하면 군이 그렇게 하지 않고 그냥 전권을 주고 필요한 사람 선택해 쓰라고 하면 된다.

브살렐 입장에서는 참 난처했을 것이다. 저 사람하고 나는 기술도 다르고 나는 평생 혼자 일했던 사람인데, 이 사람 말고 내가 만만한 사람 고르면 좋겠는데 왜 이런 사람을 나한테 붙여주셔서 서로 불편하게 만드시냐고 불평할 수 있다.

브살렐은 자기와 똑같은 일을 하는 또 다른 사람과 협력하는 순종을 해야 했다. 브살렐 같은 고급 장인들은 다른 사람과 함께 일하지 못하고 꼭 혼자서 일하는 독특한 특징이 있다. 장인이나 광대, 끼가 있는 자들에게 다른 사람과 함께하라고 하면 싸우거나 갈라선다.

저 잘난 맛에 사는 자들이 기술자들, 광대들, 장인들, 사명 받았다는 자들이다. 마귀는 사명 받은 자들을 하나 되지 못하게 이간질하고 분리한다. 하나님의 뜻이 아닌 자기의 영광을 위한 이단과의 협력을 제외하고, 모든 하나 되지 못하게 하는 것은 마귀의 거짓말에 미혹되는 것이다.

하나님께서 오홀리압을 지명해 브살렐에게 붙여주신 것은 오홀리압과 협력을 통해 브살렐을 더욱 성숙한 사람으로 만들기 위해서다. 오홀리압은 브살렐이 불러온 조수나 고용인이 아니다. 하나님께서 지명하여 붙여준 사람이다. 브살렐은 어쩔 수 없이 오홀리압과 같이 일해야 하지만 하나님은 그런 과정을 통해 두 사람을 더욱 성숙하게 다듬어 가신다. 하나님의 일은 연합을 통해 완성된다.

성도를 예수 그리스도의 몸 된 지체라고 한 것은 나는 예수님께 붙어있는 가지임과 동시에 형제자매라는 가지들과도 붙어있는 존재라는 것이다. 브살렐은 모세에게 붙어있고 오홀리압은 브살렐에게 붙어있어야 한다. 브살렐은 모세에게 순종하면서 동시에 오홀리압이 자기에게 순종하도록 이끌어야 한다. 이것이 연합을 이루는 영적 리더십이다. 혼자서도 잘하는 것을 성령 충만으로 오해하는 어리석은 자들이 있다.

바른 리더십이 키워지고 발휘되려면 내가 붙어있어야 할 사람과 나에게 붙여주신 사람의 두 관계를 다 잘해야 한다. 내가 이끌어 가는 사람들을 보며 나를 이끌어 가는 리더가 나에게 이렇게 할 수밖에 없었을 상황과 그의 심정과 처지를 이해할 수 있다.

지도자의 자세는 자기에게 붙여주신 오홀리압을 챙겨 이끌어 가면서 배운다. 두 사람이 함께 일하고 서로 양보하면서 둘 사이에 일하는 법이 세워지고 더 좋은 작품도 나올 수 있다.

지혜와 재능이 선하게 쓰임 받고 더욱 발전, 성숙해지는 비결은 다른 사람과 협력하는 것이다. 악이 지혜로운 자를 이길 수 있는 한 가지 방법은 혼자서 일하게 하는 것이다. 아무리 똑똑하고 총명해도 혼자서 하면 악의 유혹을 이길 수 없다. 하나님께서 주신 지혜와 지식은 협력해야만 선을 이룰 수 있다.

셋째. 브살렐은 지금까지 순종을 망설이던 자들을 순종으로 이끄는 순종을 했다(출36:1-7).

하루는 성막 짓는 일을 하던 지혜로운 자들이 하던 일을 중지하고 모세를 찾아와 부탁했다. "백성이 너무 많이 가져오므로 여호와께서 명령하신 일에 충분히 쓰고도 남습니다. 그러니 인제 그만 가져오라고 백성에게 광고 좀 해주세요." 이에 모세가 백성을 불러 인제 그만 가져오라고 광고한다. 이제 헌금 멈추라는 말이다.

요즘 이런 상황이 되면 지도자 대부분은 교회를 확장하든지 재료를 더 값진 것으로 바꾸려고 할 것이다. 그러나 모세와 브살렐, 이스라엘 백성은 하나님께서 말씀하신 규격과 재료를 지켰다. 이것이 진정한 성전이다.

내 손과 집에 있었으면 기껏해야 어떤 기념품, 장식용 깔개, 방구석 어딘가에서 빛을 보지 못하고 있을 장신구, 취미 생활의 도구에 지나지 않았을 것들이 지혜로운 자들의 노력과 협력으로 하나님께서 임재하는 성막과 그곳에 지정된 여러 성물(聖物)로 만들어졌다. 이런 모습을 지금까지 지켜만 보면서 자원하여 드리는 것을 망설이고 있던 자들이 뒤늦게 선택하고 자원하여 기쁨으로 드리는 자들이 많아지자 공사가 진행되지 않는 것이다.

우리가 협력하여 선을 이루어가는 것을 보면서도 연약하여 아직 선택하지 못하고 자원하지 못하고 관망하며 망설이고 있는 자들이 있다. 그들의 섬김과 헌신의 결단을 도와주어야 한다. 정체성의 혼란을 느끼던 이스라엘 백성이 성막을 통해 다시 하나 되어 하나님의 영광이 임하는 공동체로 성숙해 간다. 교회가 세상을 향해 보여주어야 할 모습이 바로 이런 모습이다.

내가 드린 소유가 성령 충만한 자의 순종을 거치면 그 가치가 변화되는 것을 보게 된다. 이것이 예수 믿는 우리가 더 노력하고 협력해야 하고 하나님께 지혜를 구해야 하는 이유다.

하나님께서 명령하신 일을 위해 내가 지금 사용하고 있는 것 중에서 선택하고 자원하여 드린 것을 성령 충만한 지혜로운 자들이 노력하고 협력하여 작품을 만들어 갈 때 망설이던 백성도 자원하게 된다.

이런 방식으로 하나님의 일을 하면 부족함이 없다. 하나님의 성막, 하나님께서 명령하신 일을 하는 데 부족하다는 것은 소유의 순환이 막혔다는 것이고, 소유가 순환되지 않는다는 것은 협력하지 않고 혼자서 하고 있다는 것이다. 혼자서 하겠다는 것이 탐심이다.

백성이 선택하여 자원한 물리적인 것이 하나님의 성령으로 충만한 자들의 지혜와 노력, 협력이란 변화의 과정을 거쳐 태어난 것이 성막이다. 그렇게 완성된 성막에 여호와의 영광이 충만하였다(출 40:9).

예수께서는 자신이 성전이라 말씀하셨다(요2:18-21). 바울은 예수 믿는 성도들을 하나님의 성전이라고 했다(고전3:16). 성전, 교회는 예수 그리스도를 머리로 그의 보혈의 피로 구원받은 성도가 각자의 소유와 지혜로 하나 되어 그의 영광을 드러내는 것이다.

하나님의 영광은 공동체가 협력해 선을 이루는 곳에 임한다. 하나님의 영광은 홀로 있는 곳에 나타나지 않는다. 그리스도를 머리로 모든 지체가 붙어 연합하고 있는 곳에 나타난다. 고집스러운 장인이지만 나의 고집과 주장을 꺾고 또 다른 장인과 협력해 하나 되는 곳에 나타난다. 복음은 누군가를 변화시키는 능력을 말하는 것이 아니다. 나를 변화시키는 것이다. 나의 변화의 증거는 내가 다른 지체들과 연합해 그리스도의 몸으로 하나 되는 것이다.

16.
라합의 순종

(히11:30-31, 수2,6장). 찬송 268장 "죄에서 자유를 얻게 함은"

　믿음은 선물로 주어지는 은혜이지만 그 믿음을 선물로 받은 사람들에게는 순종의 은혜가 행동으로 드러난다. 하나님께서 이스라엘 백성에게 주시겠다고 약속하신 가나안 땅에는 이방 민족들이 이스라엘 민족보다 먼저 그 땅을 차지하고 하늘에 닿을 만큼 큰 성을 쌓고 살고 있었다(민9:1).

　여호수아와 이스라엘 백성은 그들을 점령하고 멸망시켜야 했다. 그 첫 번째 성인 여리고성 안에는 라합이라는 기생이 살고 있었다. 그녀는 여호와 하나님에 대해 믿음과 목숨을 건 순종으로 자신과 그의 가족들의 생명을 구했고 예수님의 족보에도 올랐다.

첫째. 라합의 순종은 목숨을 건 순종이었다(수2:4-5).

라합은 기생이라는 직업을 가진 사람이었지만 목숨을 건 순종을 했다. 여호수아가 싯딤에서 여리고 성의 내부 상황과 여론을 살피려고 두 정탐꾼을 보냈다. 두 정탐꾼은 라합이라는 기생집에 들어가 머물며 정보를 얻으려고 했으나 금세 발각되고 말았다. 이스라엘 백성이 진을 친 곳은 여리고에서 불과 5마일(약 8km) 떨어진 곳이고, 여리고 백성도 이스라엘이 공격해 올 것에 대비해 경계를 강화하고 있었다.

두 정탐꾼이 라합의 집으로 들어간 사실을 어떤 사람이 알고 여리고 왕에게 알렸다. 여리고 왕이 라합에게 병사들을 보내 이 집에 들어간 사람들이 있는데, 그들은 우리 땅을 정탐하려고 온 적의 첩자들이니 내놓으라고 한다.

그러나 라합은 이미 두 정탐꾼을 지붕에 벌여 놓은 삼대에 숨겨 놓고 말했다. "그 사람들이 내게 왔지만 나는 그들이 어디에서 왔는지 알지 못하고 그들도 잠시 머물다 날이 어두워 성문을 닫을 때쯤 나갔는데 어디로 갔는지 모릅니다. 하지만 아마 멀리 가지는 못했을 것이니 급히 뒤를 쫓으면 그들을 따라잡을 수 있을 것입니다" 하고 거짓 정보를 흘려 병사들을 따돌리는 지혜를 발휘한다.

적이 쳐들어오면 성문을 잠그고 경계를 강화하고 모든 백성이 하나 되어 적과 싸워야 자기 생명과 재산, 나라를 지킬 수 있다. 그런데 라합은 적군의 첩자를 보호해 주고 그들을 찾으러 온 아군에게 거짓말을 하고 거짓 정보를 주어 적의 첩자의 퇴로까지 열어주었다. 라합의 행위는 국가반역죄로 사형을 면할 수 없는 죄다. 그러나 성경은 라합을 믿음의 사람, 순종의 사람이라고 했다. 이런 목숨을 건 순종은 어떤 믿음에서 나올까?

둘째. 라합이 목숨을 건 순종을 할 수 있었던 것은 자기 생명보다 더 귀한 진리를 알고 믿었기 때문이다(수2:9-24).

생명 없는 물질에 목숨을 거는 것은 어리석은 짓이다. 라합이 목숨 걸고 적의 정탐꾼을 살려주는 행위의 근거에는 하나님을 아는 지식과 믿음이 있었다. 모든 생명의 주인은 세상 왕, 여리고 왕이 아닌 여호와 하나님이 주권자라는 믿음이다.

이스라엘의 여호와 하나님이 자기 생명의 주인이라는 사실을 믿었기 때문에 목숨을 건 순종을 할 수 있었다. 라합은 자신과 그의 가족의 목숨을 지켜주실 분은 지금 눈에 보이는 여리고 왕이 아닌 여호와 하나님뿐이란 사실과 영생을 믿고 있었다.

여리고 왕의 병사들이 정탐꾼들을 쫓으러 요단 나루터 쪽으로 나가고 성문이 닫히자 라합은 정탐꾼들이 가기 전에 그들이 있는 지붕에 올라가 정탐꾼들에게 그녀의 신앙을 고백한다. "나는 여호와께서 이 땅을 당신들에게 주신 줄을 압니다. 이스라엘 백성이 애굽에서 나올 때 여호와께서 당신들 앞에서 홍해 물을 마르게 하신 일과 당신들이 요단 동쪽에 있는 아모리 사람의 두 왕 시혼과 옥을 전멸시킨 일을 듣고 우리가 당신들 때문에 심히 두려워하고 이 땅 주민들이 다 간담이 녹고 정신을 잃었습니다. 당신들의 하나님 여호와는 위로는 하늘, 아래로는 땅에서도 하나님이십니다"(수2:9-11).

라합의 집은 여행객들이 드나드는 여관이었고, 그녀는 그런 여행객들을 상대로 일하며 그들로부터 광야에서 일어난 일들에 대해 자주 자세하게 들었을 것이다. 라합은 애굽에서 모세가 바로와 대항해 싸운 일과, 하나님께서 홍해를 마르게 해 이스라엘 민족을 건너게 했다는 소식, 가나안 동쪽의 강력한 민족들을 물리친 이야기, 요단을 건넜다는 소식을 들으며 이 여호와라는 분이 만신창이 된 자신의 영혼을 사랑해 줄 수 있는 유일한 분이고, 그의 가족의 생명을 지켜줄 수 있는 분이라고 확신했다.

믿음은 들음에서 나며 들음은 그리스도의 말씀이다(롬10:17). 여호와 하나님께서 그의 백성 이스라엘을 애굽에서 인도하여 광야로 나와 가나안을 향하고 있다는 소식을 라합만 들었던 것이 아니다. 가나안과 광야의 모든 민족이 40년 동안 들어왔다.

모두가 들었지만 라합은 구원의 복음으로 듣고 여호와 하나님이 진정한 자기 왕이라는 것을 깨달았다. 모두가 보이는 세상을 전부로 알고 살아가는데 라합은 하나님께서 약속하신 보이지 않는 하나님 나라를 믿고 살았다. 야고보는 이런 라합의 믿음을 행위가 있는 산 믿음이라고 했다(약2:25-26).

여리고성이 아무 물리적 공격 없이 이스라엘 백성이 지르는 함성만으로 무너지는 것을 본 후라면 누구나 이런 고백을 할 수 있다. 라합은 그런 일이 일어나기 전, 성이 견고한 상태에서 이런 믿음의 고백을 먼저 했다. 라합은 아직 하나님을 믿을 만한 상황이 아닐 때 하나님을 믿고 목숨을 건 순종까지 했다.

라합은 여호와께서 이스라엘 백성에게 행하신 일을 직접 보지 못하고 전해 듣기만 했는데 그 모든 이야기를 사실로 믿는 은혜를 받았다. 여호와 하나님께서 이스라엘 백성에게 베푸신 은혜의 역사를 처음에는 기이히 여겼지만, 곰곰이 그 사건들을 생각해 보면서 이런 일은 세상의 일이 아니라는 것을 알았다. 막연한 영생에 대한 의문이 풀렸다. 이 믿음이 목숨을 건 순종의 배경이다.

목숨을 건 순종에는 생명보다 더 귀한 가치가 있어야 한다. 생명보다 더 귀한 가치는 복음이다. 복음은 생명의 주인이신 하나님을 아는 것이다. 복음에는 내 생명은 물론 내가 사랑하는 사람의 생명과 영생이 담겨 있다.

목숨을 건 믿음과 순종에는 자기 한목숨 바쳐 구원해야 할 생명이 있다. 아무리 많은 재물과 명예가 약속된다 해도 자기 목숨을 걸 수는 없다. 적어도 나를 대신해 그 재물과 명예로 구원해야 할 생명이 있을 때 목숨을 걸 수 있다.

라합에게는 자기 생명을 담보로 지켜야 할 생명들이 있었다. 신앙고백을 마친 라합이 정탐꾼에게 한 가지 부탁을 한다. '내가 당신 두 사람을 환대하였으니 당신들도 내 아버지의 집을 선대해 나의 부모와 남녀 형제, 그들에게 속한 모든 사람의 목숨을 죽음에서 건져내 주겠다고 여호와의 이름으로 내게 맹세하고 그 증표를 주십시오'(수2:12-13).

셋째. 라합이 목숨을 건 순종을 할 수 있었던 것은 그의 믿음 속에 그의 모든 가족의 생명을 담고 있었기 때문이다(수6:17, 25).

라합은 멸망이 예비된 도시에서 자신과 자신의 가족들을 살려달라고 간절히 간구했다. 담대하게 정탐꾼과 믿음의 거래를 해서 그 약속을 받아냈다. 그녀는 자기 한목숨 살려고 목숨을 건 순종을 한 것이 아니었다. 자기 목숨을 걸고 가족들의 생명을 지켜 달라고 요청하고 간구했다.

정탐꾼도 라합의 요청에 따라 약속했다. "당신이 우리가 이곳에 온 일을 누설하지 않으면 우리도 우리의 목숨을 걸고 당신 가족을 지켜줄 것입니다. 여호와께서 우리에게 이 여리고 땅을 주실 때에 인자하고 진실하게 당신을 대우하겠습니다"

그리고 라합이 요구한 증표를 주었다. 두 정탐꾼이 라합과 그의 온 가족의 생명을 살리는 증표로 준 것은 '붉은 줄' 이다(수2:18). 정탐꾼들은 라합에게 우리가 이 땅에 들어올 때 당신의 부모·형제와 가족을 다 당신의 집에 모으고 우리를 달아 내린 이 창문에 붉은 줄을 매놓으라고 당부했다.

붉은 줄은 구원이요 생명이신 예수 그리스도의 보혈의 피다(엡 1:7). 라합이 창밖에 맨 붉은 줄은 죄인을 구원하시고 보호하시는 예수 그리스도의 피다. 출애굽 전 여호와의 유월절에 양의 피를 문 지방에 발라 그 집이 재앙을 피할 수 있었던 것처럼 라합이 창밖에 내 건 붉은 줄은 라합의 집을 멸망으로부터 보호해 주는 예수님의 보혈이다. 죄로 인한 멸망이 다가올 때 나와 내 가족의 생명을 보장해 주는 것은 예수 그리스도가 십자가에서 흘리신 보혈의 핏줄뿐이다.

또한, 정탐꾼은 라합 가족의 생명을 지켜주는 약속을 한다. 누구든지 그녀의 집 문을 열고 나가서 죽으면 그의 죽음은 죽은 사람 자신의 책임이며 정탐꾼들이 한 일을 다른 누군가에게 누설해도 이 약속은 무효가 된다고 했다. 이 말은 라합의 신앙고백을 그의 모든 가족도 믿고 고백해야 한다는 것이다. 즉 라합이 그의 가족을 전도해야 한다는 것이다. 우리의 믿음과 순종이 내 가족들도 믿고 순종할 수 있을 만큼 성숙해야 한다. 순종할 때 하나님의 영이 함께하신다.

라합이 두 정탐꾼의 말대로 할 것이라 약속하고 그들을 보내고 붉은 줄을 창문에 매단다. 라합의 집이 성벽 위에 있었으므로 그녀는 창문에 줄을 내달아서 두 정탐꾼이 무사히 도망갈 수 있도록 했다.

도망가는 길에 뒤쫓는 군인들과 마주칠까 염려해 산으로 가서 사흘 동안 숨어 있다가 뒤쫓는 자들이 돌아간 후에 갈 것도 일러주었다. 정탐꾼들은 산에서 사흘을 숨어 있다가 뒤쫓는 자들이 돌아가자 산에서 내려와 강을 건너 여호수아에게 가서 그동안 있었던 일들을 보고했다.

여호수아도 라합과 정탐꾼 사이의 약속을 지켜 라합과 그녀 가족들의 생명을 지켜 구원한다. 여호수아는 진군 명령을 내리면서 정탐꾼과 라합의 약속을 상기시키며 라합의 가족을 살려주라고 당부한다(수:17-24). 이런 명령으로도 부족했는지 여호수아는 그 땅을 정탐하고 온 두 사람을 불러 "너희는 그 기생의 집에 들어가서 너희가 그 여인에게 맹세한 대로 그와 그에게 속한 모든 것을 이끌어내라"라고 다시 한번 더 특명을 내려 먼저 보낸다.

이에 두 정탐한 젊은이들이 들어가서 라합과 그의 부모와 형제, 친족, 그에게 속한 모든 것을 이끌어내고 이스라엘의 진영 밖 안전한 곳으로 모신다. 성경은 여호수아가 기생 라합과 그의 아버지의 가족과 그에게 속한 모든 것을 살린 이유를 정탐하려고 보낸 사자들을 숨겨주었기 때문이라고 했다(수6:25).

목숨을 건 순종의 은혜는 여기서 끝나지 않았다. 그녀는 후에 유다 지파 살몬과 결혼하여 보아스를 낳았고, 그의 5대손은 다윗이고 그 후손으로 예수께서 오시는 은혜를 누리게 되었다.

라합이 자기 목숨을 걸고 여호수아가 보낸 정탐꾼을 숨겨주고 이스라엘에 협력하는 순종을 할 수 있었던 것은 이스라엘의 하나님 여호와가 모든 생명의 주인이심을 믿었기 때문이다. 라합은 자기 한 사람 잘 살기 위해 하나뿐인 목숨을 건 것이 아니다. 여호와 하나님이 진짜 왕이라는 것을 알았고 믿음과 순종으로 지켜야 할 가족의 생명이 있었기 때문이다.

나와 가족들의 생명을 지켜주실 유일한 분은 '붉은 줄' 되신 우리 주 예수 그리스도 한 분뿐임을 믿는 믿음의 정체성이 목숨을 건 순종을 할 수 있게 한다.

17.
아벨의 순종

(창4:1-15, 히11:4). 찬송 415장 "십자가 그늘 아래"

믿음은 하나님을 아는 지식이다. 열정은 바른 지식에서 나와야 한다. 잘못된 이해나 깨달음에서 나오는 열정은 갈등과 분열과 혼동을 일으킬 뿐이다. 성경은 '믿음은 바라는 것들의 실상이요 보이지 않는 것들의 증거'라고 정의한다.

믿음은 직접 보지 못했지만 모든 세계가 하나님의 말씀으로 지어진 줄을 알고, 보이지 않아도 하나님이 계신 것과 하나님은 자기를 찾는 자들에게 상 주시는 이심을 믿고 하나님께 나아가는 순종을 하는 것이다. 이 믿음이 하나님을 기쁘시게 한다.

첫째. 아벨의 순종은 죽임 당함을 하나님의 뜻으로 받아들인 순종이다(창 4:8).

아벨은 들로 유인해 자기를 죽이려는 형에게 아무런 반항을 하지 않았다. 그것이 하나님의 뜻이라 믿었기 때문이다.

아담과 하와가 하나님 앞에 범죄 했으나 하나님의 사랑으로 용서받은 후 가인과 아벨을 낳았다. 아벨은 양을 치는 자고 가인은 농사하는 자였다.

아벨과 가인이 어느 날 제물을 가지고 하나님께 제사를 드렸다. 형 가인은 농사하는 자였기 때문에 땅에서 난 곡물을 가지고 하나님께 제사를 드렸고 동생 아벨은 양 치는 자였기 때문에 양의 첫 새끼와 그 기름으로 제사를 드렸다. 그런데 하나님께서는 아벨의 제사는 받으시고 가인의 제사는 받지 않으셨다.

가인이 몹시 화가 나서 얼굴색이 변했다. 하나님께서 그런 가인을 보시고 말씀하셨다. '가인아, 네가 어찌하여 화를 내느냐? 얼굴색이 변하는 까닭이 무엇이냐? 네가 올바른 일을 하였다면, 어찌하여 얼굴을 펴지 못하느냐? 네가 올바르지 못한 일을 하였느니라, 죄가 너의 문에 도사리고 앉아서 너를 지배하려고 하니 너는 그 죄를 잘 다스려야 한다.'

하나님의 사전 경고가 있었음에도 가인은 아우 아벨을 들로 유인해 쳐 죽였다. 여호와께서 가인에게 '네 아우 아벨이 어디 있느냐'라고 물으시자 가인이 '나는 알지 못합니다. 내가 내 아우를 지키는 자입니까'라고 대답했다.

하나님이 창조한 세상에 최초의 살인은 순교자를 만들었다. 순교자는 죄인의 죄 때문에 죄인에 의해 죽임을 당하는 것이다. 하나님께서 받으시는 제물로 제사를 드린 아벨은 최초의 순교자가 되었다. 가인은 자신의 죄 때문에 의인을 죽였다.

우리가 우리의 죄 때문에 예수를 죽였다. 순교자는 "하나님의 말씀과 저희의 가진 증거 때문"에 죽임을 당한 자다(계6:9). 순교자는 보이지 않는 것을 믿고 순종했기 때문에 보이는 것을 믿고 보이는 것을 위해 사는 자에게 죽임을 당한 자다.

둘째. 아벨이 가인에게 죽임당한 이유는 하나님의 뜻을 바르게 알고 믿고 순종했기 때문이다(히11:4).

무릇 그리스도 예수 안에서 경건하게 살고자 하는 자는 핍박을 받으리라고 했다(딤후3:12). 예수 그리스도를 바르게 알고 믿고 순종하면 시기 질투와 핍박을 당할 수 있다. 가인이 동생 아벨을 살해한 것은 아벨이 무슨 잘못을 범했기 때문이 아니다.

자기의 행위는 악하고 그의 아우의 행위는 의로웠기 때문이다(요일3:12). 의인은 악인을 불쌍히 여기고 그가 악에서 돌이켜 의의 길로 돌아오기를 사랑의 마음으로 인내한다. 그러나 악인은 오히려 시기하고 질투할 뿐이다.

아벨이 죽임당한 이유는 그의 제물과 제사의 대상이 하나님이었기 때문이다. 아담과 하와의 범죄 이후 인간은 제사와 예배를 통해 둘로 나누어진다. 여호와 하나님을 예배와 경배의 유일한 대상으로 삼고 하나님에게 순종하는 자와 자신의 욕심을 위해 하나님이 필요한 자로 나누어진다.

하나님의 말씀에 순종하는 자가 있고 나를 섬기는 자가 있다. 나를 섬기는 자는 나의 욕망을 부추기는 유혹에 순종한다. 아담과 하와가 하나님의 말씀을 들었지만 뱀의 유혹에 솔깃했다.

모든 제사는 죄 사함의 은혜가 전제되어 있다. 아벨의 제사에는 죄 사함의 감사가 있었고 가인의 제사에는 죄 사함의 감사가 없었다. 인간이 의롭게 되는 것은 오직 예수 그리스도의 피를 믿는 것 뿐이다(롬3:28, 갈3:11, 24). 예수 그리스도의 십자가가 없는 제사는 자신의 탐욕을 위해 제사의 형식을 취한 것뿐이다.

창세기는 아직 하나님께서 제물의 종류와 제사의 방법에 대해 계시해 주시기 전이다. 제사 제도는 이스라엘 민족이 출애굽 한 이후 광야에서 생활할 때 가르쳐 주셨다.

레위기 1~5장에 다섯 가지 제사 제도를 말씀하셨다. 그중 곡물로 드리는 소제를 히브리어로 '민카'라고 한다. 그런데 본문의 제물도 '민카'다(창4:3-4). 이것은 가인과 아벨이 드린 제사가 속죄를 소원하는 제사가 아니고 하나님의 은혜에 대한 감사 제사라는 것이다.

에덴동산에서 범죄 한 아담과 하와에게 가죽옷을 지어 입히신

죄 사함의 전제 없이는 하나님께 예배드릴 수 없다. 성도가 드려야 할 첫 번째 제사는 하나님의 속죄를 구하는 제사가 아니다. 이미 속죄하신 구속의 은혜를 믿고 감사하는 제사다.

아벨과 가인은 부모인 아담과 하와가 하나님의 말씀에 불순종해 죽어야 마땅했다. 그러나 하나님께서 가죽옷을 만들어 입혀 용서 하셨기에 자기들의 생명이 온전하다는 것에 감사해야 했다. 우리 의 예배와 기도에 속죄의 은혜에 대해 감사가 빠지면 안 된다. 십 자가의 보혈을 감사해야 한다.

모든 구원의 은혜에 대한 예배와 제사는 첫 열매로 드려야 했다 (창4:4). 구약성경에서 첫 열매와 첫 새끼는 순서상인 처음보다 대 표성과 가장 좋은 것을 의미한다(대하31:5, 고전15:20).

'첫 새끼'는 목축에서 '첫 열매'다. 하나님은 이스라엘 백성에게 가장 소중한 첫 열매, 초 태생을 바치게 하면서 하나님의 독생자 예수 그리스도의 보혈로 받을 구속의 은혜를 감사하게 하셨다. 그 러므로 농사하는 가인도 구원의 은혜를 아는 자라면 마땅히 '첫 열 매'를 드려 구원의 은혜에 감사해야 했다.

그러나 가인의 제물은 '소산' 중 하나였다. 모든 은혜를 대표하는 구속의 은혜에 대해 감사가 없었다. 하나님께서 가인의 제사를 받 지 않으신 것은 제물에 피가 없어서가 아니고 그의 독생자의 보혈 로 구속한 구원의 은혜에 대해 감사가 없었기 때문이다.

진정한 감사는 구속의 은혜다. 감사는 그가 가진 믿음이 구원받을 믿음임을 증명하는 행동이다. 성경에서 '기름'은 가장 좋은 것을 의미한다. 믿음에서 가장 좋은 것, 가장 큰 축복은 구속의 은혜다.

구원의 은혜를 잊어버린 자의 모습에는 참 감사가 없다. 아벨의 제사는 받으시고 자기 제사는 받지 않으신 것을 보고 분내고 가인의 안색이 변했다. "낯을 들지 못한다"라는 말은 부끄러워 얼굴을 들지 못한다는 말이다.

하나님께서 가인의 마음을 아시고 "죄가 너를 원해 네 문에 엎드려 있으니 너는 죄를 다스리라"라고 말씀해 주셨는데도 가인은 부끄러워하기는커녕 분하여 안색이 변했다. 구속의 은혜를 모르면 그 은혜에 감사해야 할 대상에게 분노한다.

가인은 하나님께 제물과 제사를 드린 것이 아니다. 제사의 거룩한 형식까지 버릴 수는 없어 제사의 형식을 따랐지만, 그 속에는 자신의 욕망 충족뿐이었다. 하나님께서 얼굴빛이 변할 정도로 분노한 가인에게 "네가 올바르게 행했다면 하나님께서 너의 제사를 받으시지 않았겠느냐?"고 했다.

네 제사는 나 여호와 하나님을 향한 제사가 아니었다는 것이다. 보이는 것으로 자신을 채우려는 욕망을 가진 자는 보이지 않는 거룩한 존재를 향한 믿음과 순종을 칭찬하기보다 그 마음의 싹을 없애버리려고 한다. 이것이 성도가 세상에서 핍박당하는 이유다.

죄인은 하나님의 구속의 은혜보다 하나님이 주신 것들을 더 의지하고 사랑하고 살아간다. 세상 모든 만물은 하나님이 창조하셨다는 사실을 잊어버리면 보이는 것을 더 의지하고 신뢰하게 된다. 보이지 않는 구원의 은혜를 감사로 증거 해내지 못한다. 구원 얻는 믿음은 먼저 감사로 표현된다.

자신의 믿음을 감사로 증명해 낸 아벨이 세상의 복을 받은 것이 아니라 죽임을 당했다(창4:8). 우리가 바른 믿음으로 순종하며 살면 세상에 속한 악한 자들은 우리를 칭찬하지 않는다. 시기 질투 미움을 당하고 아벨처럼 죽임을 당할 수 있다.

셋째. 순종으로 죽임당한 순교자의 영혼은 영원히 살아서 증인의 삶을 살아간다(히11:4).

'그가 죽었으나 그 믿음으로써 지금도 말하느니라' 곧 아벨의 영생을 보장하신다는 선언이다. 히브리서 기자는 당시 이스라엘 민족이 처한 상황 속에서 아벨의 믿음과 순종을 언급하면서 그 죽임 당한 아벨이 "지금도 말하고 있다"라고 하신다. 아벨의 육신은 죽었으나 그의 영혼은 살아서 하나님께 간구하고 있다는 것이다.

아벨이 바른 믿음과 순종으로 인하여 형 가인에게 죽임을 당했으나 그의 믿음과 순종은 지금도 하나님이 계시는 것과 하나님은 자기를 찾는 자들에게 상 주신다는 것을 말하고 있다. 세상에서 바르게 믿음을 지키려 하면 악한 자들에게 미움을 받고 불이익을 당하며 때로는 죽임까지 당하게 된다.

'증언한다'라는 것은 하나님께서 아벨의 믿음과 제물과 제사가 확실함을 증명했다는 것이다. 아벨이 그의 양 떼 가운데서 '첫 새끼와 그 기름', 가장 좋은 것을 골라 대표성을 가지고 하나님께 바쳤다는 것은 하나님이 천지를 창조하시고 그분은 여전히 살아계시며 자기를 찾는 자들에게 상 주시는 분이심을 믿고 감사함으로 그 믿음을 증명한 것이다. 의로운 자의 증거는 감사다. 아벨이 죽임을 당한 것은 보이지 않는 은혜를 믿음으로 순종하고 감사로 표현해서 의로운 자라는 증거를 얻었기 때문이다.

하나님은 의인을 죽인 가인에게 벌을 내리셨다(창4:11-12). "땅이 그 입을 벌려 네 손에서부터 네 아우의 피를 받았은즉 네가 땅에서 저주를 받으리니 네가 밭을 갈아도 땅이 다시는 그 효력을 네게 주지 아니할 것이요 너는 땅에서 피하며 유리하는 자가 되리라" 아무도 가인을 죽이지 못하게 했지만 살아서 그 죗값을 받게 한 것이다.

두 종류의 교인에는 성도와 기독교인이 있다. 보이지 않는 하나님의 사랑을 감사로 증거해 내는 성도가 있고, 보이는 것들을 더 의지하며 사는 자가 있다. 보이지 않는 것을 감사로 증거해 내지 못하는 자는 이런 믿음을 가진 자를 시기하고 질투한다.

보이는 것을 믿고 사는 가인에게 보이지 않는 구속의 은혜에 감사하며 사는 아벨의 믿음과 순종은 참 불편했다. 진리와 거짓, 선과 악, 믿음과 불신앙, 순종과 불순종 사이에는 분노가 있다. 내가 사망의 길에서 구원받았다는 믿음은 감사하는 순종을 끌어내지만 보이는 것을 의지하면 분노의 노예가 된다.

우리의 예배가 하나님께서 베푸신 은혜의 길보다 인간이 만든 길을 따르는 데 더 익숙해 있다. 하나님의 뜻 대신 자신에게 쉬운 길을 따르며 하나님께서 제시하신 구원의 방법보다 자신에게 맞는 구원의 방법을 스스로 고안해 내 따르고 있다. 자신의 맘에 맞는 대로 하나님께 제사를 드리고 있다.

오직 십자가의 은혜로만 구원받을 수 있다고 말하며, 그 은혜의 증표인 삶의 변화를 가르치지 않는다. 자기 뜻을 포기하고 하나님께 굴복하며 사는 것을 강조하지 않는 것은 가짜 복음이다. 우리의 예배를 하나님께서 받으시기 원하면 우리의 제물과 예배가 하나님께만 향하도록 해야 한다.

18.
에녹의 순종

(창5:24, 히11:5). 찬송 430장 "주와 같이 길 가는 것"

에녹과 엘리야는 인류 가운데서 죽음을 맛보지 않은 사람이다
(왕하2:11). 에녹은 당대 살던 사람들보다 비교적 짧은 삶을 살았지
만 '하나님께 드려진 자'라는 이름의 의미처럼 자신을 하나님께 드
린 삶을 살았다. 창세기 (5장) 아담의 족보에 '하나님과 동행했던 에
녹은 죽기 전에 하나님을 기쁘시게 하는 자라는 증거를 받았다(히
11:5)'. 라고 기록되어 있다.

죽음을 보지 않고 하늘로 승천한 에녹의 믿음과 순종은 주님의
재림을 기다리며 사는 모든 구원받은 성도들의 모형이다. 성도는
이 땅에서 슬퍼하며 고독하게 오래 사는 것보다 하나님과 동행하
여 죽음, 슬픔, 아픔이 없는 영원한 천국의 은혜를 바라는 자다.

첫째. 에녹의 순종은 하나님과 동행하는 순종이다(창5:24).

'하나님과 동행'이 죽음을 거치지 않고 천국으로 옮겨가는 비결이다. 하나님은 그가 창조하신 모든 세계가 하나님과 동행하기를 원하셨다. 그중에서도 특별히 창조의 면류관인 사람과 동행하길 원하셨다. 아브라함을 불러 "너는 내 앞에서 행하여 완전하라"라고 명령하신 것은 (창17:1) "너는 나와 동행하여 완전한 삶을 살라"는 말이다. 하나님은 자신이 선택한 모든 자가 자기와 '동행'하기를 원하셨다. 산 믿음은 그 대상인 하나님과 동행하며 순종하는 삶을 사는 것이다.

에녹은 특별하게 구별된 환경 속에서 하나님과 동행한 것이 아니다. 하나님과 동행하기를 거부하고 하나님의 뜻을 거스른 패역한 세상 속에서 3백 년 동안 하나님과 동행했다(창5:24, 6:9). 에녹은 똑같이 타락한 세상 가운데서도 하나님과 동행하는 거룩한 삶을 살았다.

에녹은 부패하고 타락한 영혼들에 둘러싸여 있었으나 하나님과 동행하며 하나님을 기쁘시게 하는 자였다. 에녹은 특별한 사람이 아니다. 에녹도 우리와 똑같은 육을 입은 평범한 삶을 살던 사람이다. 특별한 사람, 특별한 직분을 가진 자만 하나님과 동행하는 것이 아니다. 우리도 하나님과 동행할 수 있고 우리도 하나님을 기쁘시게 할 수 있다.

하나님을 기쁘시게 하려면 하나님과 화목해야 한다(고후5:18-20).

바울은 '주를 기쁘시게 할 것이 무엇인가 시험하여 보라'(엡5:10)고 하였고 그 답을 화목이라고 했다. 잠언16:7도 "사람의 행위가 여호와를 기쁘시게 하면 그 사람의 원수라도 그로 더불어 화목하게 하시느니라"라고 했다.

인류는 죄로 인해 하나님과의 관계가 단절되어 하나님과 화목이 깨어지고 말았다. 죄의 값은 사망이어서 인간은 당연히 죽어야 했다. 그러나 하나님은 신실하셔서 그런 인간을 그냥 두고만 볼 수 없었다. 하나님은 타락한 세상과 다시 화목하길 원하셨다.

인간이 파기한 화목을 하나님께서 다시 회복하시기로 하셨다. 하나님과 인간 사이에 깨어진 관계를 다시 회복시키시려고 그의 독생자 예수 그리스도를 이 땅에 보내 십자가에서 화목의 제물이 되게 하셨고(엡2:16-17. 골1:20-22), "너는 하나님과 화목하고 평안하라 그리하면 복이 네게 임하리라"(욥22:21) 하셨다. 하나님과 다시 동행하기 원하면 예수를 주로 믿고 인정하고 의지하고 순종해야 한다.

하나님과 동행하여 하나님을 기쁘시게 하는 자는 이웃과 화목하는 자다(고후5:18). 성도는 이웃과 화목하는 자다. 하나님은 그의 백성이 이웃과 화목하며 살도록 성도라는 직분을 주셨다. 영적인 신분에는 화목의 의무와 책임이 있다.

주님은 "예물을 제단에 드리다가 거기서 네 형제에게 원망들을 만한 일이 있는 줄 생각나거든 예물을 제단 앞에 두고 먼저 가서 형제와 화목하고 그 후에 와서 예물을 드리라"(마5:23-24). "너희 속에 소금을 두고 서로 화목하라"라고 하셨다(막9:50). 내 존재가 녹고 사라져야 화목이 가능하다는 것이다.

둘째. 에녹이 3백 년 동안 하나님과 동행하는 순종을 할 수 있었던 것은 하나님의 뜻이 에녹의 뜻이 되었기 때문이다(암3:3).

누군가와 동행하기 위해서는 마음과 뜻이 같아야 한다. 에녹은 하나님과 마음이 하나가 되었기에 동행할 수 있었다. 하나님과 동행하기를 소원하면 하나님의 뜻이 내 뜻이 되어 내 인생의 가장 주요한 동기가 되도록 해야 한다. 내가 하나님의 마음과 뜻에 하나가 된다는 것은 하나님의 뜻을 바르게 깨닫고 알고 순종한다는 것이다.

하나님의 마음과 뜻이 완벽하게 일치하여 하나님과 일체 된 동행의 삶을 사신 분이 예수님이다. 예수님은 이 땅에 오시기 전, 태초부터 성육신하시고 십자가에 돌아가시기까지 완전하게 하나님과 동행하는 삶을 사셨다.

예수님이 그렇게 하나님과 동행하는 삶을 살 수 있었던 것은 하나님과 일체이셨기 때문이다(요17:21). 예수님은 인간의 육을 빌려 입고 오셨기에 겟세마네 동산에서 갈등하는 모습도 있었으나 "내 뜻대로 마옵시고 아버지의 뜻대로 하옵소서"라고 아버지 하나님의 뜻에 순종하셨다.

예수님은 "우리가 너희를 향하여 피리를 불어도 너희가 춤추지 않고 우리가 슬피 울어도 너희가 가슴을 치지 아니하였다"(마11:17) 라고 자기 뜻과 다르게 살아가는 이 세대를 한탄하며 책망하셨다. 진정한 동행은 그의 기쁨과 슬픔에 동참하는 것이다. 주님의 기쁨은 하나님과 화목하고 성도란 직분의 의무를 따라 이웃과 화목하는 것이다.

그러나 세상은 하나님께 반역하고 자신의 욕망을 채우기 위해 이웃의 것을 빼앗고 죽이는 것도 서슴지 않았다. 세상은 예수님이 기뻐하는 것을 비웃었고 슬퍼하는 것에는 관심이 없었다.

이웃의 기쁨을 함께 기뻐하고 슬픔에 함께 울어주는 것이 성도의 의무다. 예수를 믿는 성도들에게 세상 사람보다 못한 부끄러운 모습이 있다. 이웃의 기쁨에 진심으로 함께 기뻐하지 못하는 교만이다. 이웃의 기쁨을 시기하고 질투하고 권모술수하고 모략해서라도 그의 기쁨이 슬픔이 되기를 바란다.

기쁨에 진심으로 함께하지 않았던 자가 슬픔에 동참하는 것은 위선이다. 이런 슬픔은 가볍고 형식적이다. 하나님의 뜻이 내 뜻이 되어 나타날 때 비로소 이웃의 기쁨을 진심으로 축하해 줄 수 있고 이웃의 슬픔에 가슴을 칠 수 있는 은혜가 임할 수 있다.

에녹은 하나님의 마음과 뜻에 의존하는 자였다. 하나님의 뜻이 곧 에녹의 뜻이었다. 하나님이 싫어하시면 에녹도 싫어했고 하나님이 좋아하시면 에녹도 좋아했다.

믿음은 하나님을 아는 것으로 시작하고 순종은 하나님께 나아가는 데서 시작한다. 믿음은 하나님께서 바라는 것들, 그러나 아직 보이지 않는 것들을 증거로 삼고 순종하며 사는 삶이다.

에녹은 직접 보지 못했지만 보이는 모든 세계가 하나님께서 말씀으로 창조하셨다는 것을 믿었다. 하나님께서 나를 사랑하사 나를 구원하시기 위해 독생자를 보내 주셨고 그 예수 그리스도의 피가 나의 죄를 씻어주셨다는 것을 믿었다. 예수께서 부활하심으로 모든 믿는 자에게 사망을 이기게 해 주심을 믿었다. 하나님이 세상을 불로 심판하시나 예수님을 믿는 자는 심판을 받지 않는다는 것을 믿었다.

지금도 하나님은 여전히 살아 계셔서 자기를 찾는 자에게 상 주시는 이심을 믿고 하나님께 나아가는 순종으로 하나님을 기쁘시게 하는 자였다. 성도의 가장 큰 영광과 명예는 '하나님을 기쁘시게 하는 자'이다. 이런 은혜를 받은 자는 육체의 죽음을 보지 않고 천국으로 옮겨지는 복을 받는다(요5:24).

셋째. 에녹이 하나님과 동행하는 순종을 할 수 있었던 것은 하나님께서 타락한 세상을 심판하시겠다는 심판의 약속을 믿었기 때문이다(유1:14-15).

에녹이 이해한 하나님의 뜻 중에서 에녹의 삶을 극적으로 변화하게 만든 것은 하나님의 심판을 믿는 믿음이다. 에녹이 살았던 시대는 홍수 심판이 있기 직전으로 아주 타락한 시대다. 그 시대에 사는 자들은 하나님을 거슬러 모든 완악한 말을 하고 원망하며 불만을 토하며 그 정욕대로 행했다. 하나님의 심판이 있다는 경고에도 아랑곳하지 않고 스스로 자랑하며 자기 이익을 위하여 아첨하며 육체의 쾌락을 즐겼다. 에녹은 그들 가운데 살고 있었고 그들과 다를 바 없는 사람이었다.

그런 에녹의 삶의 변화는 하나님의 심판을 깨닫고 믿을 때부터다. 하나님은 에녹에게 아들을 주어 그를 통해 하나님의 심판과 이세상의 종말을 깨닫고 믿게 하셨다. 에녹이 65세에 아들을 낳고 그 이름을 '므두셀라'라고 했다(창5:21). '므두셀라'의 뜻은 '무트(죽다) + 솰라흐(보내다)'로 '그가 죽으면 심판을 보내겠다'는 뜻이다. 에녹은 아들의 출생을 통해 하나님의 심판이라는 메시지를 받았다. 에녹의 삶에 아들 '므두셀라'가 하나님과 동행하게 하는 전환점이 되었다. 에녹은 '므두셀라'를 낳기 전인 65년간은 하나님과 동행하지 못했다는 말이다.

에녹이 65세에 므두셀라를 낳고 300년을 하나님과 동행하며 자녀들을 낳다가 365세에 하나님이 그를 데려가시므로 세상에 있지 아니하였다고 한다(창5:22-24). 에녹이 하루 이틀이 아니고 300년을 계속해서 하나님과 동행할 수 있었던 것은 하나님의 심판을 믿었기 때문이다. 현대인이 심각한 부도덕 속에 빠지는 이유는 하나님의 심판을 믿지 않기 때문이다.

에녹은 므두셀라를 기르며 그를 볼 때마다 이 아이가 죽으면, 하나님의 심판이 임한다고 하신 것을 기억하고 그 심판의 자리에서 부끄럽지 않기 위해서 자신을 다시 가다듬고 하나님과 동행하는 길을 감사하며 기뻐했을 것이다.

에녹은 우리처럼 평범한 삶 가운데서도 하나님의 심판을 민감하게 느끼고 살았기에 하나님과 동행하는 삶을 살 수 있었다. 나의 죄가 하나님의 심판대 앞에서 낱낱이 밝혀진다는 사실을 알면 하나님의 심판이 두려워서라도 하나님의 뜻을 따라 살려고 애쓰게 된다.

실제 하나님의 심판은 그의 아들 므두셀라가 969세에 죽은 후, 노아가 600세 되던 해에 있었다(창7:11-12). 그러나 에녹은 하나님의 심판이 오늘이나 내일, 지금 당장 일어날 것처럼 믿었기에 하나님의 뜻을 잠시도 떠날 수 없었다.

우리가 인생을 자기 맘대로 사는 이유는 하나님의 심판을 믿지 않기 때문이다. 내가 토해놓은 말, 내가 취한 행동들이 하나님 앞에 반드시 심판된다는 것을 믿는다면 자기 마음대로 살 수 없다. 구원받은 그리스도인들에게는 정죄와 멸망의 심판은 없으나 살아온 삶을 결산하는 심판은 있다(고후5:10). 하나님의 심판을 믿으면 삶이 달라질 수 있다.

신앙생활은 하나님의 뜻으로 나의 뜻을 밀어내는 것이다. 하나님의 뜻이 나의 뜻이 되면 하나님의 심판을 믿고 하나님과 동행하는 순종을 할 수 있다. 하나님과 동행하는 것은 구별된 무리나 구별된 공간에서 하는 것이 아니다. 타락한 세상 가운데서도 그들의 악을 따라가지 않는 삶이다. 이런 믿음이 하나님을 기쁘시게 하는 자라는 증거를 얻게 한다.

19.
한나의 순종

(삼상1:9-11). 찬송 365장 "마음속에 근심 있는 사람"

성경이 말하는 순종은 믿음과 분리해 생각할 수 없다. 믿음의 대상과 순종의 대상은 한 분이다. 순종은 믿음 안에서 행하는 믿음의 실천이다. 믿음이 순종으로 실천되는 것을 '산 믿음'이라고 한다(약 2:14-26).

고통은 나의 실수로 인한 고통도 있지만, 나의 실수나 잘못과 무관하게 받는 고통과 슬픔도 있다. 이런 고통은 아무도 이해할 수 없고 세상의 것으로는 위로받을 수도 없다. 이러한 고통과 슬픔을 사람을 의지하고 사람들과 나누면 더욱 비참해진다.

하나님 앞에 가지고 나아가 통곡하면서 그 속에 담긴 하나님의 뜻 가운데서 찾고 해결해야 한다. 나의 실수를 통해 오는 고통은 분노와 복수심을 유발할 수 있어서 회개하고 스스로 잘 통제해야 더 큰 실수와 잘못을 피할 수 있다.

하나님은 극도로 타락한 사사 시대에도 한 가정을 통해 왕정 시대와 구원의 역사를 준비하고 진행하고 계셨다. 한나는 자신의 실수나 잘못과 무관하게 극한 고통과 아픔을 당하는 가운데 하나님 앞에 나아가 기도하다가 하나님의 뜻을 깨닫고 서원한 여인이다. 사사 시대와 왕정 시대를 이어주는 기도의 어머니다.

첫째. 한나의 순종은 기도의 지정석을 지키는 순종이다(삼상1:10).

에브라임 사람 엘가나라 하는 레위인에게는 '한나'와 '브닌나'라는 두 아내가 있었다. 정실인 한나에게는 자식이 없었고 첩인 브닌나는 자식이 있었다. 정실 한나가 오랫동안 아이를 가지지 못하자 첩을 두게 된 것 같다. 남편 엘가나가 첩을 두는 과정에 정실인 한나의 동의가 있었을 것이다. 그런 의미에서 브닌나는 한나의 은혜를 입은 자다.

'한나'란 이름은 '은총을 입은 자'라는 뜻이다. 한나가 아이를 낳지 못한 것은 한나의 문제도 남편의 문제도 아니었다. 여호와께서 한나에게 임신하지 못하게 하셨다. 고대 근동 지방에서는 본부인이 아이를 낳지 못하면 첩을 두는 것은 당연한 문화였다.

엘가나는 '다산' 이란 의미를 지닌 '브닌나'를 첩으로 얻어 자식을 낳았다. 이때부터 브닌나가 한나를 심히 격분하게 하고 괴롭혔다

(6). 자식이 없어 마음의 고통이 심한 한나를 그의 은혜를 입은 첩, 브닌나가 격분하게 하여 그 갈등과 고통이 더욱 심해지게 했다.

남편 엘가나는 이런 한나를 위로해 주려고 제물의 분깃을 두 배로 주면서 "그만 슬퍼하시오. 내가 그대에게 열 아들보다 낫지 않습니까?" 하면서 위로를 아끼지 않았으나 한나의 마음에 위로가 되지는 못했다. 한나는 이런 남편의 사랑을 받는 여인으로서 정실의 권리를 주장하며 브닌나에게 분노를 쏟아낼 수도 있었으나 한나는 자신의 분노를 브닌나에게 드러내지 않았다.

한나는 세상의 것으로 위로받지 못한 마음의 고통과 슬픔을 기도의 지정석으로 나아가는 동기로 삼았다. 한나는 분노하고 보복하는 일에 자신의 권리를 사용하지 않고 이 문제를 하나님께 가지고 나갔다. 고통을 준 브닌나가 한나에게 기도의 지정석을 만들게 하는 동기가 되었다.

한나는 자신의 슬픔을 하나님 앞에 나아가 통곡하며 토해냈다. 하나님만이 자신을 위로할 수 있고 이 문제를 해결할 수 있다고 믿었다. 누군가에게 사심 없이 은혜를 베풀며 살았는데 그를 통해 고난과 고통이 찾아왔다면 기도하라는 것이다. 기도하지 않고도 평안할 수 있다는 것은 교만이다.

둘째. 한나는 기도의 지정석을 지키는 중에 하나님의 뜻을 깨달았다(9).

한나는 자신의 고통과 슬픔을 가지고 하나님 앞에서 통곡하며 기도의 지정석을 지키는 중에 하나님의 뜻을 깨달았다. 한나가 살던 시대는 사사시대다. 사사시대는 가나안 정복 전쟁이 끝나고 12지파가 하나님을 왕으로 모시며 지파별로 땅을 분배받아 자기 지도자를 중심으로 살던 시대다. 이때 이스라엘의 영적 상태는 극도로 혼란하고 타락했다.

하나님이 그들의 왕이 되신다는 것을 출애굽과 홍해 사건, 광야 40년, 그리고 가나안 정복 전쟁 내내 보여주셨다. 그러함에도 이스라엘은 왕이 없는 것처럼, 자기들이 왕인 것처럼 모두가 자기 마음대로 행동했다(삿21:25). 바알과 아세라를 섬기고 이방 민족의 문화를 좇다가 그들의 통치와 핍박을 받았다. 그러다 더는 핍박을 견디기 어려우면 하나님께 살려달라고 부르짖었고, 그때마다 하나님은 사사를 보내 이스라엘을 구원해 주시던 시대다.

당시 이스라엘 민족 공동체는 법궤를 중심으로 이루어졌다. 법궤는 여호수아 때 '실로'로 옮겨졌고(수18:1), 그때부터 실로는 이스라엘의 정치 종교의 중심지가 되었다. 사사시대 때 이스라엘 백성은 매년 실로에 가서 여호와의 절기를 지켰다. 엘가나와 한나의 가족도 매년 '실로'에 올라가 만군의 여호와 하나님께 제사를 드렸다.

한나와 엘가나가 '실로'에 예배하러 갈 때 그곳의 제사장은 '엘리'

였고 그에게는 '홉니'와 '비느하스'라는 아들이 있었다(3). 엘리 제사장의 두 아들은 하나님을 알지 못하고 하나님 앞에 드리는 제사를 멸시하며 악행을 일삼는 자들이다. 하나님께 드리는 제물을 규례대로 드리고 제사장의 몫을 받아야 하는데 먼저 자신들이 원하는 부분을 떼어 취했다. 가마솥에 갈고리를 찔러서 걸려 나오는 것은 무엇이든지 제사장의 몫으로 가져갔다.

'실로'에 와서 하나님께 제물을 바치는 이스라엘 사람들은 모두 이런 일을 당했다. 뿐만이 아니라 회막 문에서 수종 드는 여인들과 동침까지 하는 불량배들이었다. 그러나 아버지 제사장 엘리는 이런 아들들을 제대로 제지하지 못했다(삼상2:12-22). 그런 시대에 한나는 남편 엘가나와 함께 실로에 제사드리러 갔고 자기 마음의 고통과 슬픔을 하나님 앞에 토해내기 위해 성전으로 갔다.

9절 "그들이 실로에서 먹고 마신 후에 한나가 일어나니 그때 제사장 엘리는 여호와의 전 문설주 곁 의자에 앉아 있었더라" 당시 엘리 제사장의 영적 상태를 '한나는 일어났고' '엘리는 앉아 있었다'라고 대조하고 있다. 한나가 일어난 곳은 '먹고 마신' 식사 자리다. 이들의 식사는 하나님께서 베푸신 은혜에 감사해 화목제를 드린 후 그 제사 고기를 나누어 먹은 것이다. 하지만 엘가나의 가족이 나누는 화목제 식탁에는 평안이 없었다. 매년 절기를 지키러 올 때마다 브닌나가 한나를 격분하게 해서 한나는 그 화목제의 고기를 먹지 않고 울었다.

이날도 한나가 그 고통스러운 자리에서 홀로 일어나 하나님 앞에 기도하러 올라가는데, 성전을 지키는 제사장 엘리는 문설주 곁의자에 앉아 있었다. "문설주 곁 의자에 앉아 있었다"라는 말이 제사장 엘리와 당시 이스라엘의 타락하고 무감각해진 영적 상태를 대변하고 있다. 지금 자기 아들들이 여호와를 알지 못해 여호와의 제사를 멸시하며 여호와의 제물을 도둑질하고 거룩한 성소를 더럽히고 있는데, 제사장이요 아버지인 엘리는 체념한 듯 무관심한 것이다.

한나는 자신의 고통과 슬픔을 해결해 보려고 기도하러 갔다가 이런 성전의 타락한 모습을 보고 하나님의 고통과 슬픔을 깨닫고 서원기도를 하게 된다(11). 한나는 자신의 고통을 하소연하다 하나님의 고통을 깨달았다. 자기 아들이 없어 고통스러운 시간을 보내던 한나가 거룩한 하나님의 사람이 없어 고통스러워하는 하나님 아버지의 마음을 깨달았다.

그래서 하나님께서 자신의 기도를 들으시고 아들을 주시면 그 아들을 하나님께 드리겠다고 서원기도를 했다. 이제 한나는 타락한 이스라엘을 구할 하나님의 사람을 달라고 기도하기 시작한다. 기도는 나의 문제로 시작하지만, 기도의 응답은 하나님의 뜻을 깨닫는 것이 되어야 한다.

서원기도는 자신의 간구 속에서 하나님의 뜻을 깨닫고 이제는 나의 뜻이 아닌 하나님의 뜻을 이루기 위해 간구하는 기도다. 서원

기도는 사람의 생각에서 시작하지만, 그 과정에서 하나님의 뜻을 깨닫고 더욱 간절히 간구하고 하나님께 순종하겠다는 맹세다. 대부분의 서원기도는 위급한 상황이나 하나님의 도움이 절실할 때 드려졌다. 야곱이 에서의 눈을 피해 하란으로 도망치는 길에서 서원기도를 했다(창28:20-22).

한나는 아들을 구함과 동시에 하나님의 사람을 구했다. "아들을 주시면 그의 평생에 그를 여호와께 드리고 삭도를 그의 머리에 대지 않겠다"라는 것은 나실인의 서원이다. 나실인은 평생 머리에 삭도를 대지 않고 하나님의 영광을 위해 살겠다고 맹세한 자다(민6:5).

나실인이 머리에 삭도를 대지 않는 것은 자신의 생명을 주관하시는 여호와 하나님이 계시다는 것이고, 그 생명의 주권자에게 순종하겠다는 것이다. 한나는 아들 하나만 얻기를 바랐는데, 그 시대 상황을 보면서 그 아들이 온전한 레위인으로 살도록 하겠다고 서원한 것이다. 나의 성공이 하나님 나라의 확장이 되고 나의 기도 제목이 하나님의 뜻이 되어야 친구 되신 예수께 간청할 수 있다.

하나님은 모든 이스라엘 자손을 대표해 레위인을 택해 자신의 소유로 삼으셨다(민3:12). 레위인은 하나님이 임재하시는 거룩한 집과 하나님의 말씀을 위해 거룩한 삶을 살라고 구별된 자들이다. 그런데 지금 하나님의 성전이 불량한 제사장들로 인해 황폐해진 것을 보고 한나는 하나님의 성전을 정결하게 할 하나님의 사람을 구했다. 하나님의 말씀을 잊어버린 사사 시대에 한나는 성전이신 예수 그리스도, 메시아를 기다리고 간구한 것이다.

개인의 고통과 슬픔으로 시작한 한나의 기도가 하나님의 구원을 바라는 서원이 되면서 한나는 성령에 취한 기도를 체험한다(10-16). 통곡하며 기도하던 한나가 갑자기 입술은 움직이는데 음성은 들리지 않자 제사장 엘리는 그가 취한 줄로 생각하고 "네가 언제까지 취하여 있겠느냐 포도주를 끊으라"고 한다. 성령 충만한 중보 기도다. 늘 취한 아들들만 보아왔던 엘리는 성령에 취한 기도를 알 수 없었을 것이다.

한나가 거룩한 제사장의 의무와 책임을 잃어버리고 아들들의 죄에 무감각해진 엘리 제사장에게 충고한다. "내 주여, 내가 취한 것이 아닙니다. 나는 마음이 슬픈 여자입니다. 나는 포도주나 독주를 마신 것이 아닙니다. 여호와 앞에 내 심정을 통한 것뿐입니다. 당신의 여종을 악한 여자로 여기지 마십시오. 내가 지금까지 말한 것은 나의 원통함과 격분됨이 많았기 때문입니다"

우리가 매일 기도를 나누며 서로 아멘으로 화답하는 기도가 이 시대 영적 무감각에 빠진 하나님의 백성들을 깨울 수 있길 바란다. 그러려면 우리에게 간절한 소원과 믿음의 확신이 있어야 한다. 간절한 소원은 개인적인 소원이 공적인 소원이 될 때 나타난다. 내 생명 외에 다른 생명을 품을 때 터지는 소망이다.

제사장 엘리도 한나의 기도에 동의하고 함께 기도하겠다고 한다

(삼상1:17). 한나의 기도를 통해 제사장이 정신을 차리게 된다. 우리의 기도가 영적 무감각 상태에 빠진 영적 지도자들을 깨워 그들도 기도에 동참할 수 있기까지 깊어져야 한다.

셋째, 한나는 기도하여 얻은 아들을 그의 서원기도를 따라 하나님께 드리는 순종을 했다(삼상1:19-28).

엘가나가 그의 아내 한나와 동침하매 여호와께서 그를 생각하셔서 한나가 임신하고 때가 이르매 이스라엘 역사상 가장 위대한 선지자이고 사사이며 제사장인 사무엘이 태어난다. '사무엘'은 '이는 내가 여호와께 그를 구하였다' 는 의미로 그 이름에 부모의 믿음이 담겨 있다.

한나는 아이에게 젖 먹이는 기간에는 온 집이 여호와께 매년제와 서원제를 드리러 실로에 올라갈 때도 함께 올라가지 않고 아들을 돌보았다. 남편에게 아이가 젖 뗀 후에 내가 직접 사무엘을 데리고 가서 여호와 앞에 뵙게 하고 거기에 영원히 있게 하겠으니 아이가 젖 떼기까지 기다리려 달라고 했다. 남편 엘가나도 여호와께서 그의 말씀대로 이루시기를 원하여 한나가 그의 아들을 젖 떼기까지 양육하도록 기다렸다.

한나는 사무엘이 젖을 뗀 후에 그를 데리고 하나님의 전에 올라가 사무엘의 인생 전체를 여호와 하나님께 드렸다(삼상1:26-28). "내 주여, 당신의 사심으로 맹세하나이다. 나는 여기서 내 주 당신 곁에

서서 여호와께 기도하던 여자입니다. 이 아이를 위하여 내가 기도하였더니 내가 구하여 기도한 바를 여호와께서 내게 허락하셨습니다. 그러므로 나도 이 아이를 여호와께 드리되 그의 평생을 여호와께 드리겠습니다" 하나님 앞에 드렸다는 것은 공유했다는 것이다.

한나는 하나님이 주신 아들, 선물, 은혜를 자기만 누리는 기쁨으로 삼지 않았다. 하나님께 드려 하나님의 뜻을 따라 공유되길 바랐다. 엘리와 한나는 어린 사무엘을 데리고 수소 세 마리, 밀가루 한 에바, 포도주 한 가죽 부대도 함께 가지고 여호와의 집으로 나아갔다.

한나는 아들이 없어 겪은 고통과 분노를 통해 기도의 지정석을 만들고 그 자리에서 하나님의 사람이 없어 슬퍼하시는 하나님 아버지를 보았다. 자기 슬픔을 위로해 줄 아들을 구하는 중에 하나님의 마음을 시원하게 할 하나님의 아들을 구하는 서원을 하였다.

최고의 기도 응답은 내 간구 속에서 하나님의 뜻을 깨닫는 것이다. 하나님의 뜻을 깨달으면 하나님께서 나에게 응답한 것을 홀로 독점하지 않고 하나님께 드려 많은 사람과 공유하게 된다. 내 상황의 변화가 없어도 감사한다. 바울은 안질이 낫기를 위해 하나님께 기도했다가 나를 쳐서 자고하지 않게 하시려는 하나님의 은혜를 깨닫고 감사했다(고후12:7).

우리가 기도의 자리에서 깨달아야 할 것은 하나님의 뜻이다. 우리가 쉬지 말고 기도해야 하는 이유는 하나님의 뜻을 분별하기 위해서다. 하나님의 뜻은 하나님 앞에서 깨달아야 한다. 나의 슬픔을 토하는 중에 하나님의 슬픔을 보아야 한다.

나의 가난을 위해 기도하다 말씀의 기근 속에 빠진 세상을 보고 성령에 취해 세상을 적실 말씀을 구하는 은혜를 입어야 한다. 내일 무엇을 먹고 마실까를 염려해 기도의 자리를 찾았다가 하나님께서 준비하신 천국을 보고 그 나라와 그의 의를 구하는 은혜를 받아야 한다.

나의 통곡하는 기도 속에 있는 슬픔의 근원을 찾아야 한다. 만약 그것이 나의 실수로 인한 것이면 회개의 통곡을 해야 한다. 그러나 세상의 것으로 위로받을 수 없는 것이면, 하나님 앞에 나아가 통곡 하면서 그 속에 담긴 하나님의 뜻을 찾아 감사하고 기뻐해야 한다. 그것을 순종하는 삶으로 실천해야 한다.

기도할 때 조심해야 할 것은 교만과 원망이다. 좋을 때는 기도 속에 은근히 교만이 풍길 수 있고 어렵고 낙심될 때는 기도에 원망 이 담길 수 있다. 하나님의 은혜를 자신의 기쁨으로만 삼으면 자랑 이 되어 교만해진다.

한나는 자신의 기쁨인 아들 사무엘이 하나님의 영광이 되길 바 랐다. 우리 기도의 목적은 순종하기 위함이고 그 순종은 하나님의 영광이 되어야 한다. 하나님의 사람들은 기도의 시간을 통해 하나 님의 뜻을 분별하고 그 뜻에 순종하며 살았다.

20.
사무엘의 순종

(삼상3:10, 히11:32) 찬송 341 "십자가를 내가 지고"

사무엘은 이스라엘에 지도자가 없어 혼란스러운 시기에 하나님께서 준비하신 사사이고 선지자이며 제사장이다. 사무엘은 마지막 사사로 사사시대와 왕정시대를 이어주는 교량 역할을 한 순종의 사람이다. 사무엘을 통해서 사울과 다윗, 두 명의 왕이 기름 부음을 받았다. 사무엘의 순종을 묵상하면서 우리가 자녀들에게 물려준 유산은 무엇이고, 하나님께서 그의 백성에게 바라는 것은 무엇인지 생각하며 은혜 나누길 원한다.

첫째. 사무엘은 어머님이 지정해 준 영적 지정석을 지키는 일에 순종했다(삼상1:12-28).

사무엘의 어머니 한나가 아들 사무엘에게 물려준 영적 지정석은 기도의 자리다. 한나는 마음의 고통을 가지고 하나님 앞으로 나아가 통곡하며 기도하는 중에 하나님의 마음을 깨닫고, 자기 아들을 구하던 기도에서 하나님의 사람을 구하는 서원을 하게 된다.

사무엘은 잉태되기 전, 그의 어머니의 서원으로 하나님의 섭리 가운데 태어나 젖을 뗀 후 여호와 하나님께 드려졌다. 사무엘은 자신의 삶이 하나님께 드려진 과정에 자신이 의지적으로 한 것이 하나도 없다. 그러나 사무엘은 평생 그 어머니의 서원을 따라 나실인의 구별된 삶에 순종하며 살았다.

사무엘의 삶의 지정석은 하나님의 언약궤가 있는 하나님의 전이었다(삼상3:2-3). 본문은 '제사장 엘리는 자기 처소에서 자는데 어린 사무엘은 하나님의 궤가 있는 여호와의 전 안에서 잤다'라고 두 사람의 영성을 비교해 주고 있다.

언약궤와 여호와의 전을 떠나지 않고 영적 지정석을 지키고 있는 어린 사무엘을 하나님께서 부르시어 하나님의 말씀을 계시해 주신다(삼상3:4-10). 사사시대는 하나님의 말씀이 희귀한 시절이었는데 하나님께서 사무엘아, 사무엘아 하고 부르셨다. 사무엘은 엘리 제사장이 부른 줄 알고 일어나 엘리 제사장에게 달려갔다. 엘리는 내가 부르지 아니하였으니 가서 자라고 한다.

똑같은 일이 세 번이나 반복되었다. 어린 사무엘은 그것이 여호와께서 자기를 부르시는 부름이라는 것을 몰랐다. 세 번째 사무엘이 엘리에게 달려왔을 때 엘리도 여호와께서 사무엘을 부르신 줄 깨닫고는 가서 누워있다가 그가 너를 부르시거든 "여호와여 말씀하옵소서 주의 종이 듣겠나이다"라고 대답하라고 일러 주었다. 다시 사무엘이 가서 처소에 눕자 여호와께서 임하여 서서 전과 같이 "사무엘아 사무엘아"하고 부르시자 사무엘이 엘리가 일러준 대로 "여호와여 말씀하옵소서 주의 종이 듣겠나이다"(삼상3:10)라고 대답했다.

여호와께서 사무엘에게 엘리 제사장 집안에 관하여 말씀하셨다 (삼상3:11-14). 어린 사무엘은 정직했다(삼상3:15-18). 사무엘은 지난밤에 하나님께서 자기에게 하신 말씀을 엘리에게 알리는 것이 두려웠다. 하지만 엘리가 "주께서 너에게 무슨 말씀을 하시더냐? 나에게 아무것도 숨기지 말라. 주께서 너에게 하신 말씀 가운데서 한 마디라도 나에게 숨기면, 하나님이 너에게 심한 벌을 내리고 또 내리실 것이다"라고 말하자 사무엘은 조금도 숨기지 않고 다 말했다.

어두운 시대에 사무엘이 여호와의 계시를 받을 수 있었던 것은 하나님의 구원의 은혜를 떠나지 않고 여호와 하나님을 의존하며 살았기 때문이다. 여호와께서 말씀으로 사무엘에게 자기를 나타내셨다는 말이 온 이스라엘에 퍼졌고 온 이스라엘은 사무엘이 하나님께서 세우신 예언자임을 알게 되었다(삼상3:19-4:1).

둘째. 사무엘은 자기에게 맡겨진 영적 사명에 순종했다(삼상8:5-6).

사무엘이 이스라엘 역사에 등장한 시기는 이스라엘이 극도로 혼란한 시기다. 이스라엘이 블레셋과 전쟁에서 패하고 '에벤에셀'에서 이스라엘 민족 4천여 명이 죽임을 당했다. 이스라엘 장로들은 자기들이 블레셋에게 패한 이유가 여호와의 언약궤가 '실로'에 있기 때문이라며 '실로'에 사람을 보내 여호와의 언약궤를 에벤에셀로 가져왔다. 방탕한 엘리의 두 아들 홉니와 비느하스도 언약궤와 함께 에벤에셀로 왔다(삼상4).

언약궤가 이스라엘 진영에 들어올 때 온 이스라엘 백성은 땅이 울릴 정도로 크게 외쳤다. 이 소리를 들은 블레셋 사람들은 여호와의 궤가 이스라엘 진영에 들어온 줄로 알고 두려워했다. 언약궤를 앞장세운 이스라엘은 천하무적이었다.

그러나 블레셋은 언약궤에 대한 두려움을 백성을 단결하는 데 이용했다(삼상4:7-9). "우리에게 화로다. 누가 우리를 이 능한 신들의 손에서 건지리요. 그들은 광야에서 여러 가지 재앙으로 애굽인을 친 신들이니라. 너희 블레셋 사람들아. 강한 대장부가 되어라. 너희가 히브리 사람의 종이 되기를 그들이 너희의 종이 되었던 것 같이 되지 말고 대장부같이 되어 싸우라"

이렇게 시작한 전쟁에서 이스라엘은 수치스러운 패배를 당한다. 사상자가 삼만 명에 하나님의 언약궤를 블레셋에게 빼앗기고 엘리의 두 아들 홉니와 비느하스가 죽는다(삼상4:1-11). 실로에서 이 소식을 들은 엘리가 의자에서 뒤로 넘어져 목이 부러져 죽고 그의 며느리인 비느하스의 아내도 죽는다. 사무엘에게 계시하신 것처럼 엘리의 가문이 전멸했다.

이런 혼란스러운 시대에 사무엘은 이스라엘의 영적 지정석을 지키고 있었다. 사무엘은 온 이스라엘을 미스바로 불러 진심으로 회개하고 하나님께로 돌아오라고 선포한다(삼상7:3-6). "너희가 전심으로 여호와께 돌아오려거든 이방 신들과 아스다롯을 너희 중에서 제거하고 너희 마음을 여호와께로 향하여 하나님만 섬기라. 그리하면 너희를 블레셋 사람의 손에서 건져내시리라". 그러자 온 이스라엘이 금식하며 "우리가 여호와께 범죄하였나이다"라고 회개했다. 하나님을 섬기는 일에 방해되는 바알과 아스다롯을 제거하고 오직 마음을 하나님께만 향했다.

이스라엘 자손이 미스바에 모여있다는 소리를 블레셋이 듣고 다시 이스라엘에 쳐들어왔다. 이 소식을 들은 이스라엘 자손들이 두려워하며 사무엘에게 부탁한다. "당신은 우리를 위하여 우리 하나님 여호와께 쉬지 말고 부르짖어 여호와께서 우리를 블레셋 사람들의 손에서 구원하시게 하소서"(삼상7:8).

사무엘이 젖 먹는 어린 양으로 번제를 드리고 이스라엘을 위하여 여호와께 부르짖자 여호와께서 블레셋 사람에게 큰 천둥소리를 일으켜 블레셋 사람을 당황하게 해서 이스라엘에 패했다. 이스라엘이 '미스바'에서 나가 '벧갈'까지 블레셋 사람들을 추격한다. 사무엘은 '벧갈'에서 돌을 취해 '미스바'와 '센' 사이에 세우고 '여호와께서 여기까지 우리를 도우셨다'하고 그 이름을 '에벤에셀'이라 했다

(삼상7:9-12).

이때부터 여호와의 손이 사무엘이 사는 날 동안 블레셋 사람을 막아주셔서 블레셋 사람들이 다시는 이스라엘 지역 안에 들어오지 못했다(삼상7:13). 이스라엘은 블레셋에게 빼앗겼던 성읍, 에그론부터 가드까지 회복했다. 이스라엘과 아모리 사람 사이에 평화가 열렸다. 사무엘은 이스라엘의 실질적인 통치자였고 가장 존경을 받는 사람이 되었다.

하루는 이스라엘 모든 장로가 '라마'에 있는 사무엘을 찾아가 "이제 당신은 늙고 당신의 아들들은 당신의 행위를 따르지 아니하니 여러 이방 민족들처럼 우리도 왕을 세워 우리를 다스리게 해 달라"고 했다.

사무엘은 그것을 기뻐하지 않았지만, 여호와께 기도했다. 우리는 내 마음에 들지 않으면 기도하기를 주저하는데 사무엘은 자기 마음에 들지 않은 일일지라도 자기 생각을 말하기 전에 먼저 여호와께 기도했다.

사무엘의 기도에 하나님께서 말씀으로 응답해 주셨다(삼상8:7-9). "그들의 말을 듣되 너는 그들에게 엄히 경고하고 그들을 다스릴 왕의 제도를 가르치라". 사무엘은 자기에게 주신 사명의 경계를 벗어나지 않았다. 당시 사무엘의 영향력으로 볼 때 사무엘은 자기가 하고 싶은 것은 다 할 수 있었다.

이스라엘의 초대 왕은 사울이었지만 사무엘의 허락 없이는 전쟁에도 나가지 못했다. 사무엘의 영적 영향력이 사울의 왕이라는 영향력보다 컸다. 사무엘이 죽은 뒤에도 사울이 무당을 통해서 죽은 사무엘을 불러낼 정도로 사무엘의 권세는 막강했다. 어쩌면 이스라엘 백성은 사무엘이 친히 자기들의 왕이 돼주기를 바랐는지도 모른다. 하지만 사무엘은 자기에게 맡겨진 영적 사명 외 다른 자리를 기웃거리거나 탐내지 않았다.

세상에는 영적인 힘(spiritual power), 신분의 힘(Positional Power), 돈의 힘(money power), 이렇게 세 가지 힘이 있다. 하나님의 공동체는 영적인 포지션에 다른 힘들이 순종하며 사는 곳이다. 영적인 힘은 하나님께서 주신 지혜로 신분과 돈의 힘이 바르게 사용되도록 공의를 세우는 자리다.

믿음은 하나님이 주신 사명을 제대로 알고 순종하는 것이다. 영적인 사명은 내가 무엇이 되는 것이 아니다. 누군가를 무엇이 되도록 세우는 일에 순종하는 것이다. 사명은 그 시대에 하나님께서 나에게 주신 현장에서 내가 해야 하고, 나만이 할 수 있는 일이다. 사명은 해야 할 일이 있고 그 일을 해야 할 시간이 있다. 그 일을 마치면 사라져야 한다.

사무엘의 사명은 왕정시대를 준비하는 사사, 제사장, 선지자로 하나님이 준비해 놓은 사람을 왕으로 세우는 것이었다. 사무엘은 그 영적인 자리에 순종한 자다. 충분한 능력과 힘이 있었으나 그 이상을 바라거나 남의 자리를 넘보지 않았다. 오직 하나님 앞에 기도하는 자로, 누군가를 기름 부어 왕으로 세우는 영적 위치에 순종하는 자로만 남았다.

셋째. 사무엘은 물려받은 기도의 지정석에 순종했다(삼상12:23-25).

사무엘이 영적인 지정석을 이탈하지 않고 지킬 수 있었던 것은 물려받은 기도의 유산에 순종하며 살았기 때문이다. 사무엘의 어머니 한나는 기도의 어머니다. 사무엘은 그 어머니의 기도의 지정석을 물려받았다. 사무엘은 하나님과 그의 백성 앞에서 다짐한 한 가지는 결단코 기도를 쉬는 죄를 범하지 않겠다고 했다. 결단코 기도의 지정석을 비우지 않겠다는 것이다.

사무엘이 그렇게 기도의 지정석을 지키며 깨달은 하나님의 뜻은 순종이었다. 사무엘이 왕을 요구하는 백성에게 왕의 제도에 대해 말해주었다(삼상8:11-17). 이제 너희는 왕이 된 그의 종이 될 것이며 너희가 택한 왕으로 말미암아 부르짖어도 여호와께서는 너희에게 응답하지 아니하실 것이다.

백성들은 그 왕이 우리를 다스리며 우리 앞에 나가서 우리의 싸움을 싸울 것이라며 세워달라고 했다. 세상에 백성들을 대신해 싸워주는 왕은 없다. 백성들이 왕을 위해 희생해야 한다. 여호와께서 사무엘에게 '그들의 말을 들어 왕을 세우라' 하셨다.

사무엘이 사울에게 기름 부어 초대 이스라엘 왕으로 세운 후, 사울 왕에게 여호와 하나님의 뜻 하나를 전달해 주었다(삼상15:1-3). "여호와께서 나를 보내 왕에게 기름을 부어 그의 백성 이스라엘의 왕으로 삼으셨으니 이제 왕은 여호와의 말씀을 들으십시오. 이스라엘 백성이 애굽에서 나올 때 비무장이었던 이스라엘을 대적했던 아말렉을 치고, 저들의 모든 소유를 남기지 말고 진멸하십시오. 남녀와 소아와 젖 먹는 아이와 우양과 낙타와 나귀를 죽이십시오."

그러나 사울은 전쟁은 이겼으나 하나님의 명령에는 순종하지 않았다(삼상15:9). "사울과 백성이 아각과 그의 양과 소의 가장 좋은 것 또는 기름진 것과 어린 양과 모든 좋은 것을 남기고 진멸하기를 즐겨 아니하고 가치 없고 하찮은 것은 진멸하니라." 사무엘이 사울에게 이 불순종을 책망하자 사울은 여호와께 제사하려고 양과 소를 취하였다고 변명했다. 회개하기는커녕 도리어 백성에게 그 책임을 돌렸다(삼상15:20-21).

이런 사울에게 사무엘이 전한 하나님의 뜻은 순종이다(삼상15:22-23). "여호와께서 번제와 다른 제사를 그 목소리 순종하는 것을 좋아하심 같이 좋아하시겠습니까. 순종이 제사보다 낫고 듣는 것이 수양의 기름보다 낫습니다. 이를 거역하는 것은 점술을 보는 죄와 같고 고집을 부리는 것은 죽은 우상에게 절하는 죄와 같습니다. 왕이 여호와의 말씀을 버렸으므로 여호와께서도 왕을 버려 왕이 되지 못하게 하셨습니다."라고 전한다.

하나님의 백성으로 선택받은 이스라엘 민족의 정체성은 순종이다. 하나님께서 그의 백성에게 원하시는 것은 제사가 아닌 순종이다. 여호와께서 사울 왕에게 내린 명령을 사무엘이 대신 순종했다 (삼상15:33). 사울이 이스라엘 왕으로 해야 할 일, 아말렉 왕 아각을 죽이는 순종을 사무엘이 마무리하고 사무엘은 고향 '라마'로 돌아갔다.

우리의 삶과 영적 생활도 마찬가지다. 사울과 이스라엘 백성처럼 모든 좋은 것은 남기고 가치 없고 하찮은 것만 진멸하고서는 하나님께 순종했다고 한다. 완전한 순종을 드리지 못한 우리를 대신해 하나님의 아들 예수 그리스도가 십자가를 지심으로 우리의 순종을 완성해 주셨다.

21.
기드온의 순종

(삿8:18, 히11:32). 찬송 545장 "이 눈에 아무 증거"

이스라엘 백성이 또다시 하나님을 배반하고 여호와의 목전에서 악을 행하자 하나님은 칠 년 동안 그들을 이방 미디안 족속의 손에 넘겨주어 고통을 겪게 하셨다. 이스라엘 자손이 씨앗을 심어 놓으면, 미디안 사람과 아말렉 사람과 동방 사람들이 메뚜기 떼처럼 쳐들어와서 땅의 모든 소산물과 양, 소, 나귀까지 하나도 남기지 않고 약탈해 갔다.

이스라엘 자손은 미디안 사람들을 피해 산에 있는 동굴과 요새에 도피처를 마련했다. 마침내 이스라엘 자손이 여호와께 울부짖자 하나님께서 므낫세 지파의 기드온을 사사로 세워 이스라엘을 구해주신다.

기드온의 순종에는 현시대를 살아가는 평범한 나와 우리의 모습이 있다. 이스라엘의 제5대 사사인 기드온의 순종을 묵상하며 나의 약함을 위로받고, 교훈을 얻어 기드온 같은 실수를 범하지 않는 다짐의 시간이 되길 바란다.

첫째. 기드온은 믿음의 확신을 얻으면 과감하게 결단하고 순종했다
(삿6:25-26).

기드온은 전능하신 하나님을 자기가 직접 경험하기 전까지는 신중하게 자기에게 임한 은혜에 접근해 가는 사람이다. 미디안의 압제에 시달리던 이스라엘 백성이 여호와께 부르짖자 여호와의 사자가 기드온을 찾아가 "큰 용사여 여호와께서 너와 함께 계신다"라고 부른다. 그때 기드온은 미디안 사람들에게 들킬까 두려워 포도주 틀에서 몰래 밀이삭을 타작하고 있었다.

기드온은 하나님께 대한 서운한 감정을 드러낼 정도로 하나님을 사랑하는 자였다. 기드온이 하나님의 사자에게 말한다(13). "주께서 우리와 함께 계신다면, 어째서 우리가 이 모든 어려움을 겪습니까? 우리 조상들은 하나님께서 기적을 일으키시어 우리를 애굽에서 인도해 내셨다고 말하였는데, 그 모든 기적은 다 어디에 있단 말입니까? 지금 하나님께서 우리를 버리셔서 우리가 미디안 사람의 손아귀에 넘어가고 말았습니다."

기드온의 태도를 보면 기드온이 의심 많은 사람처럼 보이지만,

이런 솔직한 감정표현은 의심이 아닌 서운함이다. 서운함이라는 감정은 그를 사랑하는데 그분이 나를 향해 품고 있는 사랑의 뜻을 바르게 이해하지 못할 때 갖는 감정이다.

기드온은 하나님을 사랑하고 의지하고 있었지만, 아직 미디안을 통한 고통과 핍박 속에 담긴 하나님의 뜻은 깨닫지 못하고 있었다. 그 중심을 보시는 하나님은 서운해하는 기드온을 책망하시거나 문제 삼지 않으시고 기드온의 요청을 들어주시면서 그를 설득해 가신다.

서운한 감정이란, 분명 사랑하는데 그가 나와 함께하지 않는 것처럼 보일 때 나타난다. 하나님이 기드온에게 말씀하셨다. "내가 반드시 너와 함께 해서 네가 미디안 사람들을 한 사람을 치듯 하리니, 너는 그 힘을 가지고 가서 이스라엘을 미디안의 손에서 구하라". 기드온은 "내가 어떻게 이스라엘을 구할 수 있습니까? 보시는 바와 같이 나의 가문은 므낫세 지파 가운데서도 가장 약하고, 또 나는 아버지 집에서도 가장 어린 사람입니다"라며 신세타령을 한다.

어떤 상황이나 일 앞에서 하나님께서 나와 함께하심을 느끼고 확신한다면 그것은 내가 해야 할 사명이다. 기드온은 즉각 순종하기보다 지금 나에게 말씀하신 분이 여호와 하나님이시라면 먼저 그 증거를 보여 달라고 했다.

그리고는 가서 염소 새끼 한 마리로 요리를 만들고 밀가루 한 에바로 누룩 넣지 않은 빵을 만들어 고기는 바구니에 담고 국물은 그

룻에 담아 상수리나무 아래로 가지고 와서 제물을 정리해 놓는다. 여호와의 사자가 지팡이 끝을 제물에 대자 바위에서 불이 나와 그 것들을 사르고 기드온 앞에서 사라져 버린다.

그제야 기드온은 그가 여호와의 사자라는 것을 알고 떨면서 말한다. "하나님, 내가 주의 천사를 대면하여 뵈었습니다." 하나님은 그런 기드온에게 "안심하라. 두려워하지 말라. 너는 죽지 않는다"라며 위로해 주신다.

기드온이 그곳에 제단을 쌓고 그 제단을 '여호와 샬롬'이라고 했다. 그곳에 하나님께서 나타나 기드온에게 "너희 아버지 집에 있는 우상을 허물고 그곳에 하나님을 위한 제단을 쌓고 번제를 드리라."라고 명령하신다. 기드온이 종 열 명을 데리고 가서 주께서 말씀하신 대로 행했다.

당시 상황에서 바알과 아세라 신상을 허물고 찍어내는 일은 목숨을 걸어야 하는 일이다. 다음 날 아침 성읍 사람들이 바알 제단이 헐리고 아세라 상이 찍혀 있고 그곳에 새로 만든 제단 위에서 수소가 번제로 타오르고 있는 것을 보고 '누가 이런 짓을 하였느냐?'고 서로 캐묻고 조사한다.

요아스의 아들 기드온의 짓이라는 것을 알고 요아스를 찾아가 추궁하자 요아스가 자기를 둘러선 사람들에게 말한다. "당신들이 바알의 편을 들어 싸우겠다는 것이오? 당신들이 바알을 구할 수 있다는 말이오? 누구든지 그의 편을 들어 싸우는 사람은 내일 아침에 죽음을 면하지 못할 것이오. 만일 바알이 신이면, 자기의 제단을 헌 사람과 직접 싸우도록 놓아두시오"(삿6:28-31).

그날 사람들은 기드온을 "그가 바알의 제단을 헐었으니, 바알이 직접 그와 싸우게 하라"는 의미로 '여룹바알'이라고 불렀다. 바알은 크고 많은 것을 추구하는 인간의 욕심을 형상화한 우상이다. 분명 미디안 숫자가 많고 분량이 커 보이나 하나님이 함께하는 기드온을 이길 수 없다는 것을 빗대어 조롱하는 말이다. 믿음은 내 안에 있는 바알을 찍어내는 순종의 '여룹바알'이 되는 것이다.

둘째. 기드온은 자기와 함께하시는 분이 여호와 하나님이시라는 것을 확신하자 인간의 힘으로는 불가능한 일에 자신이 먼저 순종하고 그를 따르는 자들도 순종하게 했다(삿7:16-18).

기드온이 자기 요구에 응답해 주신 하나님 앞에 서운한 감정을 접고 하나님의 부름에 순종하자, 미디안 사람과 아말렉 사람과 사막 부족이 연합해서 요단강을 건너 이스라엘을 쳐들어왔다(삿6:33-40). 하나님의 영이 기드온에게 임하자 기드온이 나팔을 불고·전령을 보내 군사들을 모으고 하나님께 물었다. "하나님, 하나님께서 말씀하신 대로 나의 손으로 이스라엘을 구하시려고 하시면 내가 양털 한 뭉치를 타작마당에 놓아두겠으니 이슬이 이 양털 뭉치에만 내리고 다른 땅은 모두 말라 있으면, 주께서 말씀하신 대로 저를 시켜서 이스라엘을 구하시려는 것으로 알겠습니다."

하나님께서는 기드온의 요구대로 응답하셨다. 다시 기드온이 묻는다. "주여 내게 노하지 마옵소서 내가 이번만 말하리이다 구하옵나니 내게 이번만 양털로 시험하게 하소서 원하건대 양털만 마르고 그 주변 땅에는 다 이슬이 있게 하옵소서"

그 밤에 하나님이 그대로 행해 보여주시고 기드온에게 말씀하셨다(삿7:1-2). "너를 따르는 백성이 너무 많다. 이렇게 많은 수의 병사들에게 미디안 사람을 넘겨주지 않겠다." 지금 요단강변 평지에 진을 친 미디안 연합군은 13만 5천 명이고 이스라엘 군인은 3만 2천 명인데, 그게 너무 많다는 것이다.

많은 수의 병사로 미디안과 싸워서 이기면 "이스라엘이 나를 거역하고 내 손이 나를 구원하였다고 스스로 자랑할 것"이라고 그 이유를 말씀하셨다(삿7:2). 나를 따르는 사람이 많고 세상의 조건이 풍성하면 전적으로 하나님만 의지하지 않는다. 그것은 유혹과 시험이 되어 하나님의 영광보다는 나의 자랑과 업적으로 삼는다.

하나님은 기드온에게 누구든지 두려워하는 자는 돌려보내라고 하셨다. 이에 돌아간 백성이 이만 이천 명이고 이제 만 명만 남았는데 그것도 많다고 하신다. 여호와께서 그들을 물가로 내려가서 그들을 시험해 기드온과 함께 전쟁에 나갈 자와 함께 가지 말아야 할 자를 구별해 주신다. 물가에서 개처럼 혀로 물을 핥는 자, 손으로 물을 움켜 입에 대고 핥는 자 삼백 명만 남기고 무릎을 꿇고 물을 마신 자들은 모두 집으로 돌려보내라 하셨다.

최종 기드온 곁에 남은 300명은 우리들의 힘으로는 아무것도 할 수 없다고 고백한 자들이다. 나는 불가능하니 나를 부르신 당신의 뜻대로 하십시오, 라는 자들이다. 순종은 나의 불가능을 고백하는 것이다.

하나님은 기드온과 그의 용사들의 숫자를 300명으로 줄이셨다. 하나님은 이 300명으로 이스라엘 백성을 구원하고 미디안을 기드온의 손에 넘겨주시겠다고 약속하셨다.

이 전쟁은 너희가 하는 전쟁이 아니라 하나님께서 친히 하시는 전쟁이라는 뜻이다. 전쟁은 죽음에 대해 두려움과 공포를 느끼게 하지만, 두려운 마음을 가지고는 전쟁에서 승리할 수 없다. 죽음에 대해 두려움은 죽음을 이긴 자를 만나고 그분을 의존할 때 사라진다. 그분이 우리 주 예수 그리스도다.

인간의 생각으로는 이해할 수 없는 것에 순종하는 것이 믿음이다. 하나님께서 기드온에게 주신 명령은 이해가 불가능하다. 골짜기에 누워 자는 미디안과 아말렉과 동방의 군사들은 13만 5천이고 그들과 싸우기 위해 선별된 기드온의 용사는 300명, 450대 1이다. 저들의 칼과 창, 활에 대항하는 기드온의 무기는 나팔과 항아리와 횃불이다. 누가 봐도 기울어진 전쟁인데 기드온은 하나님께서 미디안을 자기 손에 넘겨주시겠다는 약속을 믿고 순종으로 나아갔다.

영적인 일에서 환경이나 사람의 수, 장비는 중요하지 않다. 믿음과 순종이 무기이기 때문이다. 내가 숫자가 많고 돈이 있고 누군가를 지배할 만한 명예가 있으면 내 힘과 수단으로 했다고 착각한다. 하나님의 나라는 숫자가 힘이 아니다. 하나님을 의존하는 한 사람이 천을 이루는 나라다.

기드온이 부하 병사 '부라'를 데리고 적진을 정탐하러 갔다가 거기서 한 보초병의 꿈 이야기와 해몽하는 말을 듣는다(삿7:10-14). 보리 떡 한 덩어리가 미디안 진영으로 굴러와 장막을 쓰러뜨렸다는 것이다. 그의 친구는 꿈 이야기를 듣고 '이는 요나스의 아들 기드온의 칼이 틀림없다. 하나님이 미디안과 그 모든 진을 그의 손에 넘기시겠다는 것'이라고 해몽한다.

기드온이 하나님께 경배하며 이스라엘 진영으로 돌아와 "일어나라 여호와께서 미디안 그 모든 진영을 너희 손에 넘겨주셨느니라" 하며 삼백 명을 세 대로 나누어 각 손에 나팔과 빈 항아리를 들리고 항아리 안에는 횃불을 감추게 하고 "너희는 나만 보고 내가하는 대로 하라. 나와 나를 따르는 자가 나팔을 불거든 너희도 모든 진영 주위에서 나팔을 불며 여호와를 위하라, 기드온을 위하라" 이렇게 외치라고 명령한다(삿7:18).

기드온의 용사 3백은 기드온의 명령에 아무런 변명도 하지 않고 그냥 순종했다. 기드온의 순종을 믿었기 때문이다. 기드온은 파수꾼의 교대 시간에 나팔을 불며 항아리를 부수고 횃불을 들고 "여호와와 기드온의 칼이다" 하고 외치며 미디안 진영을 에워쌌다.

미디안 군사들은 이스라엘 군사들이 자기 진 깊숙이 들어온 것으로 착각하고 동료들을 적으로 착각하고 서로를 찔렀다. 하나님은 기드온과 300명의 온전히 순종하는 자들을 통해 미디안 연합군 13만5천 명의 진영에 자중지란이 일어나게 해서 대승을 거두게 하셨다.

셋째. 그러나 기드온은 자기가 하나님께 증표를 요구했던 것처럼 자기 삶에도 믿음의 증표를 남김으로 인해 그의 자녀들과 이스라엘을 다시 타락하게 하는 우를 범한다(삿8:22-27).

전쟁에서 승리한 기드온은 내부의 갈등을 해결해야 했다. 외적의 침략보다 더 무서운 것이 내부의 갈등이다. 에브라임 사람들이 자기들을 싸움에 부르지 않았다고 불평했다. 기드온은 겸손하게 저들을 설득해 그들의 노여움을 풀어준다(삿8:1-3). 이런 기드온의 능력을 본 이스라엘 사람들은 기드온과 그의 자손들이 나라를 다스려 달라고 요청한다.

다스린다는 것은 왕이 되라는 말이다. 하지만 기드온은 나는 물론이고 나의 아들도 너희를 다스리지 아니할 것이고, 오직 여호와께서 너희를 다스릴 것이라고 한다. 당시 이방 민족에만 왕이 있었고 이스라엘은 여호와 하나님만 왕으로 섬기는 사람들이다.

기드온은 이방 민족의 왕 제도는 거절했으나 돈의 유혹은 이기지 못했다(24-26). 기드온이 백성에게 미디안 사람에게서 탈취한 귀고리를 달라고 했다. 모든 백성이 자신들이 빼앗은 금귀고리와 각종 패물을 기드온에게 바쳤다. 기드온은 고향으로 돌아가 이 금들로 에봇을 하나 만들어 놓았다.

에봇은 제사장이 가슴에 받쳐 입는 옷이다. 이스라엘 백성은 하나님의 뜻을 알고자 할 때 이 에봇을 사용했다. 아론은 에봇에 들어있던 두 개의 돌, 우림과 둠밈을 사용해 시비를 가릴 때 그것을 가슴에 지녀야 했다(출28:15-30). 기드온은 다스리는 왕의 자리는 사양했지만, 영적 리더십에는 관심이 있었는데, 그걸 돈의 힘으로 해결하려 한 것 같다.

그를 부르신 하나님께 세 번씩이나 나와 함께하신다는 표증을 요구했던 기드온이 이제 하나님께서 자기 삶에 함께해 주셨다는 증표를 후손들에게 남기려 한 것이다. 기드온은 미디안과의 전쟁에서 승리한 것이 자신의 전략이나 지혜, 용맹이 아니라 하나님의 인도하심이란 사실을 믿고 기념하여 후손들에게 그 역사를 알려주고 싶었을 것이다. 내가 이 전쟁에 승리한 것은 하나님의 인도하심 때문이었다는 자기 믿음을 고백하고 싶었는지도 모른다.

그러나 이스라엘 백성은 기드온이 만들어 놓은 에봇을 기드온이 생각한 것처럼 받아들이질 않고 그것을 음란하게 섬겼다(삿8:27). 이것이 올무가 되어 기드온은 아내가 칠십 명이나 되었고, 그의 후손 가운데 첩의 아들이 나머지 아들을 모두 죽이는 일도 발생한다. 기드온이 죽은 후에는 이스라엘 자손이 그 집을 후대하지도 않았다(33-35). 세상의 명예나 돈에는 올무가 있다. 자기 이름과 업적을 보이는 형상에 남기려는 자들이 마음에 새겨야 할 내용이다.

성경은 어떤 이유로도 우상을 만들지 말고 어떤 상황 속에서도 말씀을 가르칠 것을 명령한다(신6:4-9, 딤후4:1-2). 기드온은 자기에게 임한 하나님의 약속의 말씀을 가르쳐야 했다. 상징과 기념물을 만드는 것보다 더 중요한 일은 하나님의 뜻대로 살도록 가르치는 일이다. 그러나 기드온은 자기와 함께하신 하나님의 역사를 기념으로 남기려 하면서 그것이 우상으로 전락해 버렸다.

비록 좋은 의도에서 상징을 남겼을지라도 그 상징이 담고 있는 교훈이 전달되기보다 그 기념물 자체가 우상이 될 수 있다. 기념 교회당을 짓는 것이 나쁜 것은 아니지만 어느 순간 우상으로 전락하는 모습을 볼 수 있다. 거룩은 하나님이 주신 말씀을 우리 마음에 새기는 것이다. 보이는 성전을 지으며 동시에 마음의 성전을 세우는 은혜를 구해야 한다.

기드온은 자신은 물론 자기 후손들도 이스라엘을 다스리지 않을 것이라고 장담했으나 이 말은 지켜지지 않았다(삿9:6). 세겜과 밀로 모든 족속이 기드온의 아들 중 한 명인 아비멜렉을 그들의 왕으로 삼았다. 아비멜렉은 아버지의 뜻을 이어받기보다 그의 기념물을 보고 배웠을 것이다.

아버지는 하나님이 삶의 주인이심을 믿고 그의 인도하심을 따라 살도록 기념비를 세웠는데, 그의 자손들은 기념비 속에서 자신이 주인 되는 삶을 배웠다. 기념비가 우상이 되어 음란을 불러와 가정의 평화를 빼앗아 버렸다. 이 우상이 그의 후손들을 다시 바알과 아세라에게 돌아가게 해버렸다.

기드온의 순종에는 아직 성화 되지 못한, 그래서 죄의 습성에서 완전히 벗어나지 못한 채 세상을 살아가는 성도의 모습이 있다. 증거를 요구하고 증거를 보여주면 한 번 더 보여달라 하고, 순종으로 얻어진 결과에서, 세상의 명예는 초월한 것처럼 하지만, 돈을 챙기는 모습이 꼭 우리와 같다. 나와 함께하신 하나님의 이름을 남기려 한다면서 자가 삶의 증표와 이름을 남기려 한다.

진정한 성공은 하나님의 뜻에 순종하며 사는 것이고 참 순종은 내가 왕이 된 삶의 자리에서 내려와 주를 왕 삼고 주의 이름을 남기는 것이다. 나의 순종에 하나님의 이름만 전해지고 남아야 한다.

22.
바락의 순종

(삿4:6-9, 히11:32) 찬송 21장 "다 찬양하여라"

사사시대는 하나님의 백성이 이방인을 따라 우상을 섬기다 이방 민족의 압제를 당하게 되고, 그 학대를 견딜 수 없으면 여호와 하나님께 부르짖고, 그러면 신실하신 하나님께서 사사를 보내 이스라엘을 구원해 주시는 일이 반복되는 시대다.

이때 쓰임 받은 자들의 모습 속에 오늘을 사는 성도들의 모습이 있다. '바락'의 믿음과 순종의 삶을 중심으로 하나님께서 한 약한 여자 리더와 약한 남자 장수, 그리고 적과 화친을 맺은 한 집안의 약한 아내, 이 세 사람이 협력해 이루어가는 하나님의 선을 묵상해 보자.

첫째, 바락은 하나님께서 함께하신 자에게 전적으로 순종했다
(삿4:1-9).

바락의 순종에는 하나님께서 함께하신 자가 자신과 동행하여 주기를 바라는 바람이 있다. 바락은 드보라를 통해 간접적으로 하나님의 말씀을 들었지만, 그 말씀을 믿고 그 말씀을 전해 준 드보라에게 순종했다.

이스라엘은 왼손잡이 사사 '에훗'에 의해 18년간 이어져 온 모압의 압제에서 해방된 후 80년간 평온한 삶을 누렸다(삿3:30). 그러나 에훗이 죽자 이스라엘은 또다시 하나님의 말씀에서 떠나 이방인의 삶을 따라갔다(삿4:1). 이에 하나님께서 '하솔'을 도읍으로 한 가나안 왕 '야빈'의 손에 이스라엘을 내주셨다. 야빈은 900대의 철 병거, 일종의 전차부대와 그를 지휘하는 '시스라'라는 장군이 있었다.

20년 가까이 야빈의 학대를 받던 이스라엘이 고통 가운데서 하나님께 살려달라고 간구한다. 모압의 학대에서는 18년 만에 부르짖었는데 이제는 20년을 학대받은 후에야 비로소 하나님께로 돌아가겠다고 부르짖고 있다. 죄에 면역이 되면 그만큼 둔해지기 때문이다.

이때 이스라엘은 랍비돗의 아내인 '드보라'가 사사가 되어 다스리고 있었다(4-5). '꿀벌'이라는 의미의 드보라는 12명의 사사 중 유일한 여자 사사다. 그녀는 성전 등의 심지를 만드는 일에 종사하다가 하나님께 부름을 받았다.

하루는 드보라가 사람을 보내 '천둥 번개'란 뜻을 가진 아비노암의 아들 '바락'을 납달리 게데스에서 불러다가 말한다(6-7). "이스라엘의 하나님 여호와께서 명령하셨습니다. 당신은 납달리 자손과 스불론 자손 만 명을 거느리고 다볼 산으로 가십시오. 하나님께서 야빈의 군대 장관 시스라와 그의 병거들과 무리를 기손 강으로 이끌어 당신의 손에 넘겨주겠다고 하십니다"

하나님은 자기 뜻을 사사 드보라를 통해 바락에게 전달해 주셨다. 하나님의 부르심은 직접 부르심도 있고 누군가를 통한 부르심도 있다. 간접 부르심에서 중요한 것은 직접 하나님의 말씀을 받아 전달해 주는 자와 그 말씀을 전달받고 순종하는 자 사이에 믿음과 신뢰가 있어야 한다는 것이다.

그가 믿는 하나님을 나도 동일하게 믿어야 한다. 이런 믿음이 목회자와 성도들 사이에 있을 때 전해지는 말씀이 은혜가 되어 나를 변화시킬 수 있다. 드보라가 바락을 부를 때 바락이 드보라를 믿고 신뢰했기에 혼란스러운 시기에도 불구하고 바락이 드보라가 부르는 곳으로 갔을 것이다.

사사 드보라를 통해 여호와 하나님의 명령과 승리의 약속을 전해 들은 바락은 드보라에게 자기와 함께 갈 것을 요청한다(삿4:8). "바락이 그에게 이르되 만일 당신이 나와 함께 가면 내가 가려니와 만일 당신이 나와 함께 가지 아니하면 나도 가지 아니하겠노라" 이 말은 바락이 시스라와 싸우는 것을 두려워하는 불신앙이라기보다 자신의 연약함을 인정하고 드보라에게 도움을 요청한 것으로 보아야 한다.

자신의 약함을 이유로 하나님의 부르심에 망설이던 모세에게 말 잘하는 형 아론을 붙여주신 것처럼 바락도 직접 하나님의 계시를 들은 드보라가 자기와 동행해 주기를 바란 것이다. 만약 이 말이 바락의 불신앙을 나타내는 말이라면 하나님은 아예 바락을 부르지 않았을 것이다.

나는 어떻게 해야 할지 잘 모르니 당신이 그곳에 함께 가서 때를 따라 적절한 명령을 내려 주면 그대로 순종하겠습니다, 하는 겸손한 믿음의 고백이다. 사사가 자신을 믿고 신뢰해 주었지만 나는 아직 넘어질 수 있는 약한 존재라는 것이다. 동시에 드보라가 비록 여자이지만 그를 하나님의 선지자로 존중하고 그에게 충성하겠다는 다짐이다.

또한 "당신과 함께하신 하나님께서 나와 함께 가시지 않으면 나는 갈 수 없다"는 기도다. 당신과 함께하신 하나님이 나와 함께하시도록 기도해 달라는 것이다. 바락은 드보라의 하나님을 그의 하나님으로 믿었고 자기가 믿은 하나님을 드보라도 믿고 있다고 확신한 것이다. 직접 하나님의 말씀을 들은 드보라가 자기와 동행하는 것이 하나님께서 자기와 동행하는 것으로 믿었다. 하나님께서 함께하는 사람과 동행하는 것이 하나님과 동행하는 삶이다.

바울은 하나님의 성령이 함께해서 너와 나의 부족함을 보충해 주고 너와 나의 마음을 시원케하는 사람에게 순종하고 이런 사람과 함께하고, 이런 사람을 알아주라고 했다(고전16:15-18).

둘째. 바락은 명령을 지켜도 자기는 영광을 얻지 못한다는 것을 알면서도 순종했다(삿4:9).

"내가 반드시 너와 함께 가리라" 하나님은 우리를 위협하는 원수의 철병거가 있는 적지에 나 홀로 가도록 하지 않는다. 우리와 함께하신다. 동시에 그가 준비하신 누군가도 우리와 동행하게 하신다. "네가 이번에 가는 길에서는 영광을 얻지 못하리라. 여호와께서 시스라를 여인의 손에 파실 것임이라"

지금 나와 네가 가는 길에는 나와 너만 있지 않고 하나님께서 준비하신 또 다른 사람이 있고, 이 전쟁은 네가 아닌 또 다른 누군가를 통해 마무리 짓겠다는 말씀이다. 이 내용을 미리 말씀해 주신 것은 그와도 협력하라는 것이다. 누구와 협력하라는 것은 네가 이 일의 주인공이 아니라는 말이다.

사람들은 자기에게 영광이 되지 못 하는 일이나 유익이 되지 않는 일에는 잘 순종하지 않는다. 그런데 바락은 이 순종의 길에 영광이 없다는 것을 미리 알고도 목숨을 걸고 기쁨으로 헌신하는 순종을 했다. 하나님께서 나와 동행하여 주신 것이 나의 영광이라 믿었기 때문이다.

하나님께서 동행하시는 은혜를 입은 자는 협력하여 선을 이루는 일에 순종한다(삿4:10-13). 바락이 군사 일만 명과 드보라와 함께 '다볼산'으로 올라갔다. 야빈의 군대 장관 시스라가 이스라엘의 바락이 군사를 모아 싸우려고 다볼산에 모여있다는 소식을 듣고 군대를 이끌고 정벌에 나섰다.

바락의 군대는 '기손 강' 상류에 있는 해발 약 400m의 다볼산에 있고, 이들을 정벌하려고 모인 시스라의 철병거와 군대는 기손 강 평지 '와디(wadi)'에 진을 쳤다. 기손 강의 하류에는 물이 있지만, 중류부터는 비가 많이 올 때만 강이 되는 '와디'여서 비가 오지 않을 때는 평지처럼 된다. 따라서 군대가 진을 치고 말이 끄는 철병거가 기동하기에 적합했다.

하나님께서 기손 강 지역에 돌풍을 동반한 폭우를 내리시자 순식간에 '와디'에 물이 차 강으로 변했다(삿5:20-21). 기손 강 평지 '와디'에 진을 쳤던 시스라의 군대는 철병거가 진흙탕에 빠져 움직일 수 없었다(15).

그때 드보라가 바락에게 명령했다(14-15). "자, 이제 가십시오. 오늘이 바로 하나님께서 시스라를 당신 손에 넘겨주신 날입니다. 하나님께서 친히 당신 앞에 서서 싸우실 것입니다." 바락이 만 명의 병사를 이끌고 다볼 산에서 내려가자 하나님께서 시스라의 모든 철 병거와 온 군대를 한 사람도 남기지 않고 바락의 칼날에 패하게 했다. 바락의 전술 전략이 탁월하고 이스라엘의 칼이 예리해서 승리한 것이 아니다. 성경은 "하나님께서 시스라를 패하게 하셨다"고

철저하게 하나님께서 하셨다는 것을 강조한다.

본문에 드보라와 바락의 이야기를 하다가 갑자기 '모세의 장인 호밥의 자손 중 겐 사람 헤벨'을 말한다(삿4:11). 이 전쟁을 마무리 하는 데 쓰임 받은 '헤벨의 아내', '야엘'의 가문과 그의 신원을 설명하기 위해서다. 모세의 장인은 '겐' 사람이지만 겐족은 오래전부터 미디안 사람과 동화되어 살아서 '미디안' 사람이라고도 한다. 그의 이름은 '르우엘(출2:18, 민10:29)', '이드로(출3:1, 4:18, 18:1)', '호밥(삿4:11)' 세 가지다. '르우엘'은 본명이고 '이드로'는 이방 제사장이 된후에 얻은 존칭이다. 본문의 '호밥'은 모세의 '처남'으로 추측한다.

모세의 장인 이드로의 후손들은 가나안 이주 후 유다 지파 지역에 기업을 받아 거주했다. 그런데 그의 후손 중 헤벨은 어떤 이유에서인지, 자기 동족을 보호해 주고 가나안 땅에 기업을 주어 살게 한 이스라엘 민족 거주지에서 이탈해 하솔 근처에서 야빈 왕과 화친을 맺을 정도로 그 지역의 유력인사로 살고 있었다.

모든 군사를 잃고 겨우 목숨만 구해 홀로 도망치던 시스라가 평소 친분이 있던 겐 사람 헤벨의 집으로 도망을 쳤다. 헤벨의 아내 '야엘'이 그를 영접하고 우유 부대를 열어 마시게 했다. 마음이 놓인 시스라는 만약 누가 와서 여기에 낯선 사람이 있느냐고 묻거든 없다고 하라고 부탁하고 잠이 든다. 이때 야엘이 장막 말뚝을 그의 관자놀이에 박아 죽인다. 시스라는 헤벨의 집을 통해 바락을 속이려 했으나 하나님은 헤벨의 아내 야엘을 통해 시스라를 심판하셨다.

하나님은 바락의 부족함을 헤벨의 아내, 야엘을 통해 보충해 주셨다. 이스라엘을 등지고 이스라엘을 핍박하는 하솔 왕 야빈과 화친을 맺고 사는 것이 배신자처럼 보였는데 그 속에는 헤벨의 아내 야엘을 들어 '시스라'를 죽이기 위한 하나님의 섭리가 있었다. 이스라엘이 부르짖기 전부터 하나님은 시스라를 치시려고 미리 준비하고 계셨다.

하나님은 이스라엘을 야빈의 압제에서 해방하는 일에 약한 여자 리더 드보라, 약한 남자 바락, 적과 화친을 맺으며 살 정도로 약한 헤벨의 아내 야엘, 이 세 사람을 협력하게 하여 하나님의 선을 이루시며 전쟁을 마무리 하신다(롬8:28). "우리가 알거니와 하나님을 사랑하는 자 곧 그의 뜻대로 부르심을 입은 자들에게는 모든 것이 합력하여 선을 이루느니라"

드보라는 하나님의 말씀을 전하는 대언자의 역할을 했고, 바락은 드보라의 부름에 순종해 전쟁을 이끌었고, 편하게 살고 싶어 이방 민족과 화친했던 헤벨의 아내 야엘은 시스라를 안심시켜 잠들게 한 후 죽이는 담대함으로 연합했다.

누군가와 협력하여 선을 이루는 일에 순종하면 미처 헤아리기 어려운 깊고 오묘한 하나님의 섭리를 맛볼 수 있다. 이런 하나님의 은혜를 경험한 사람들은 하나님의 이름을 찬양하는 것으로 사역을 마무리한다.

셋째. 드보라와 바락은 자기들과 함께하신 하나님을 찬송하는 일에 순종했다(삿5).

12명의 사사 중 하나님의 은혜에 감사하고 찬양한 사람은 드보라와 바락뿐이다. 이들이 하나님을 찬양할 수 있었던 것은 자신들의 연약함을 인정하고 협력할 때 나타나는 하나님의 인도하심을 보고 경험했기 때문이다.

드보라와 바락은 자기들이 즐겁게 헌신한 것을 합창했고(삿5:1-2, 9), 여호와가 만왕의 왕이심을 찬송했으며, 자기들이 연합할 수밖에 없는 약함을 주신 은혜를 찬양했다. 드보라와 바락은 야엘의 믿음과 순종을 찬송함도 잊지 않았다. 누군가의 믿음과 순종을 찬송할 수 있다는 것은 깊은 은혜다.

은혜 앞에서 찬양하지 못하는 이유는 나의 수고를 먼저 보기 때문이다. 많은 사람이 목표하는 결과에 이르면 오늘의 나를 있게 한 하나님의 은혜보다 자신의 업적 말하기를 즐거워하고, 그로 인한 사람들의 칭찬에 귀가 멀어지면서 찬양이 터지지 않는다.

주께서 열 명의 나병 환자들을 치유해 주셨는데 한 사람만 주께 감사했다. 아홉이 주님의 은혜를 일부러 잊으려고 한 것이 아니다. 나병으로부터 치유 받은 것을 축하받고 어떻게 치유를 받았느냐고 묻는 말에 답하는 중에 조금씩 자기 수고와 땀을 덧붙여 말하면서 점점 하나님의 은혜를 잊어버린 것이다.

간증은 하나님의 영광을 찬양하는 내용이어야 한다. 대부분의 간증이 하나님의 은혜와 협력한 자들의 수고를 말하기보다 은근히 자기의 수고와 노력을 더 강조하면서 자기 자랑과 교만이 돼버린다. 자기를 말하는 것은 찬양이 아니다. 열 명 중에서 아홉이 이처럼 행했다는 것은 은혜를 입은 사람들 가운데 대부분이 이 같은 오류를 범하고 있다는 것이다. 마땅히 찬양하기 위해서는 하나님의 동행하심에 집중해야 한다.

하나님은 그가 선택하신 그의 백성의 모든 삶에 함께해 주신다. 하나님이 동행하시는 길의 영광은 모두 하나님의 것이다. 나를 통한 승리지만 그 영광은 여호와의 것이고 우리의 영광은 그 하나님의 영광을 위해 쓰임 받는 것이다. 하나님께서 그의 백성에게 바라는 것은 하나님의 영광을 마음껏 누리지만 그것을 나의 것으로 가로채지는 말라는 것이다.

하나님은 나와 동행하시는 길에 또 다른 누군가도 참여하길 바라신다. 내가 하나님과 동행하는 길에 또 다른 사람들도 참여하도록 하기 위해서는 내가 하나님께서 함께하신 누군가에게 충성하고 순종하는 자가 되어야 한다. 그 길의 영광이 나의 것이 아니라 할지라도 하나님께서 동행하시는 일이면 순종해야 한다. 내가 하나님이 함께하는 누군가에게 순종한다는 것은 나의 영광을 구하지 않는다는 것이다. 그러면 하나님께서 준비하신 또 다른 사람을 내가 하는 일에 협력하도록 해서 주의 선을 이루게 하실 것이다.

23.
삼손의 순종

(삿16:28-30). 찬송 255장 "너희 죄 흉악하나"

삼손은 12번째 사사이고 마지막 사사로 20년 동안 이스라엘을 이끌었다. 삼손의 영웅적인 삶에서 우리가 찾아야 할 교훈은 우리를 착각에 빠뜨리는 잘못된 순종, 즉 불순종의 모습이다.

삼손은 하나님이 보시기에 좋은 것에 순종하기보다 자기 눈에 좋은 것을 보고 그런 자기에게 순종했다. 자기 눈에 좋아 보이는 대로 행하는 것은 영적 간음이다. 삼손의 삶을 '바른 순종은 회개'라는 관점으로 묵상해 보고자 한다.

첫째. 삼손은 평생 거룩하게 구별된 삶을 살아야 하는 '나실인'이었지만, 하나님의 뜻에는 불순종하고 자기 눈에 좋은 것을 따라 사는 삶을 살았다(삿14:7).

이스라엘 자손이 다시 여호와의 목전에 악을 행하자 여호와께서 그들을 40년 동안 블레셋 사람의 손에 붙이셨다(삿13:1). 이스라엘은 최장기 식민 통치 중에서도 고통을 느낄 줄 몰랐고 하나님께 부르짖지도 않았다. 노예의 삶에 면역된 것이다.

하나님은 이스라엘이 부르짖지 않았어도 소라 땅 단 지파의 가족 중 '평안'이란 의미가 있는 '마노아'의 가정을 선택해 당신의 구원을 준비하고 계셨다. 마노아의 가정에는 아기가 없었다. 이로 인해 다른 사람들은 우상을 섬길 때 마노아 부부는 이 시대를 구원할 자녀를 달라고 하나님께 기도했다.

하나님은 그들의 믿음을 보시고 마노아의 아내에게 나타나 말씀하셨다. 네가 잉태하여 아들을 낳을 것인데 임신 기간에 포도주나 독주를 마시지 말며 부정한 것을 먹지 말고 태어난 아이도 죽는 날까지 '나실인'으로 구별하여 키우라는 것이다.

삼손은 태어날 때부터 평생 구별된 '나실인'으로 살기로 작정 된 사람이다. 누구든지 특정 기간 정결하게 나실인의 삶을 살 수 있었지만, 삼손은 하나님의 명령으로 태어나서 죽을 때까지 나실인으로 살아야 했다.

나실인은 '구별된 사람'으로 지켜야 할 의무가 많았다(민6장). 포도주와 독한 술은 물론이고 포도주를 만드는 과정에서 식초가 돼버린 음료나 포도즙도 마시지 말고, 포도즙과 포도주의 경계가 불분명하다는 이유로 아예 포도 자체를 먹지 말라고 했다. 오직 하나님만 생각한다는 의미로 머리를 깎지 않았고 사람이나 동물의 사체를 만져도 안 되었다.

마노아의 아내가 하나님의 사자가 자기에게 나타나 말씀하신 것을 남편에게 말하자 마노아가 주께 다시 한번 나타나 말씀해 달라고 기도한다. 하나님께서 마노아의 기도를 들으시고 이번에도 먼저 그의 아내에게 나타나 말씀해 주셨다.

마노아가 여호와의 사자에게 염소 새끼 한 마리를 대접하려고 하자 여호와의 사자는, 자기는 여호와의 사자이니 번제물을 드리려면 여호와께 드리라고 한다. 하나님이 사용하는 사람은 자기 위치를 정확히 알고 지키는 자다.

마노아가 여호와의 사자에게 당신의 말씀이 이루어질 때 우리가 당신을 존귀하게 여기려고 하니 당신의 이름이라도 알려달라고 했다. 당시 사람들은 신의 이름을 알면 그 신을 소유할 수 있어서 필요할 때 그 신을 불러내 이용할 수 있다고 믿었다. 이에 여호와의 사자가 "내 이름은 기묘자"라고 했다(삿13:18). '기묘자'는 하나님의 이름이 아니라 '놀랍다'는 형용사다. 진정 영광을 받아야 할 분은 여호와 하나님이라는 말이다.

이사야 선지자는 하나님의 아들 예수 그리스도를 기묘자라고 했다(사9:6). 예수님은 기묘하심으로 가득 차신 분이다. 내가 십자가를 구원의 길로 믿는 것이 기묘이고, 내가 십자가를 통해 하나님 나라를 맛보고 변화된 것과 내가 하나님의 역사에 쓰임 받는 것도 기묘한 일이다. 마노아 부부는 기묘하신 하나님의 은혜를 입고 아이를 잉태하여 낳았다. 부부는 이 아이가 어두운 시대를 비추고 이스라엘을 블레셋에서 구원해 주길 바라는 소망을 담아 '태양의 사람'이란 의미로 '삼손'이라 했다.

영적 간음을 통해 이루어지는 하나님의 뜻은 없다. 성인이 된 삼손이 블레셋 땅 '딤나'에 사는 한 여인을 사랑해 결혼하겠다고 했다(삿14:2). 단 지파의 아들로 태어나 나실인으로 선별 받은 삼손의 사명은 하나님께서 단 지파에게 유산으로 주었으나 지키지 못하고 블레셋에 빼앗긴 땅을 되찾는 것이다. 그런 삼손이 블레셋 여인과 사랑에 빠져 결혼하겠다는 것은 영적 간음이다.

부모가 삼손의 말에 동의할 리 없다. 그러나 삼손은 "내가 그 여자를 좋아한다"고 고집을 부린다. 그녀가 자기 눈에 옳고 좋아 보인다는 것이다(삿14:7). 간음은 보는 것으로 시작한다. 옳고 그름의 판단 기준이 "삼손 자신의 눈"이라는 것이다.

선악을 판단하는 기준은 '하나님의 눈'이다(삿2:11). 모든 기준은 하나님 눈에 보시기에 옳은가 그른가다. 그러나 사사시대는 모두가 자기 소견에 옳은 대로 행하던 시대다(삿22:25). 비록 모두가 다 자기 눈에 보기에 좋은 대로 행할지라도 삼손은 그러지 말라고 나실인으로 구별하셨다.

나실인으로서 전혀 나실인답지 않은 삼손의 모습 속에 성도지만 전혀 거룩한 하나님의 백성처럼 살지 않는 자들의 모습을 볼 수 있다.

둘째. 삼손은 여호와의 영이 임하는 중에도 자기 눈이 좋아 보이는 대로 행했지, 돌이켜 거룩한 순종을 하지 않았다(삿14:6, 19, 15:14).

삼손의 이야기에는 '여호와의 영이 삼손에게 강하게 임하니'란 말이 세 번이나 나온다. 삼손은 여호와의 영이 임해 초능력을 발휘할 때마다 나실인의 규례를 어겼다.

첫 번째는 삼손이 부모님을 모시고 블레셋 여자의 가정과 상견례를 하려고 딤나로 가는 길에서다. 젊은 사자 한 마리가 삼손을 잡아먹으려고 할 때 여호와의 영이 삼손에게 강하게 임했다. 그때 삼손이 맨손으로 사자를 염소 새끼처럼 찢어 죽여버린다. 삼손은 이 일을 아무에게도 말하지 않고 혼자만 알고 있었다(삿14:6).

이 이야기는 삼손의 힘과 용맹을 증명하려는 것이 아니다. 삼손이 나실인의 규례를 어긴 것을 고발한 것이다. 나실인은 사람이나 동물의 사체를 만지지 말아야 한다. 그런데 어린 사자를 찢어 죽였으니 삼손은 자연스럽게 동물의 사체와 접촉해 율법을 어겼다. 부모님께 자기가 사자를 죽였다고 말하지 못한 이유다.

하나님이 삼손이 가는 길에 사자를 보내고 여호와의 영이 강하게 삼손에게 임한 것은 나실인 삼손의 영적 간음을 막으시려는 하나님의 은혜였다. 블레셋 여인과 결혼해서 블레셋을 치겠다는 자기 생각을 접고 하나님의 뜻에 순종하라는 것이지 삼손을 영웅으로 만들려는 것이 아니다.

성령 충만의 목적은 나를 슈퍼맨 만들어 주는 게 아니다. 나를 거룩한 하나님의 백성으로 변화시키는 것이다. 그런데 삼손은 성령의 역사를 여인 앞에서 수컷의 힘자랑하는 것처럼 사용했다.

두 번째는, 삼손이 결혼식을 위해 다시 딤나로 가는 길에서다. 삼손이 지난 상견례 길에서 맨손으로 찢어 죽인 사자가 있는 곳을 가 보았더니 사자의 사체 안에 벌떼와 꿀이 있었다. 삼손은 그 꿀을 취해 자신도 먹고 부모에게도 드렸으나 어디서 구했는지는 말하지 않았다. 자신이 나실인의 규례를 어겼기에 말하지 않은 것이다. 과정의 죄는 말하지 않고 결과만 가지고 하나님의 은혜라고 하는 것은 자기 자랑이고 교만이다.

세 번째는 결혼할 때다. 블레셋에는 결혼식 기간에 신부 쪽의 남자 서른 명을 신랑 옆에 붙여 두고 서로 노래와 수수께끼를 주고받으며 흥을 돋는 풍습이 있었다. 삼손이 그들을 즐겁게 해주기 위해 베옷과 겉옷 삼십 벌을 걸고 수수께끼를 냈다. "먹는 자에게서 먹는 것이 나오고 강한 자에게서 단것이 나오는 것이 무엇이냐?" 자기가 젊은 사자를 죽여 그 속에서 꿀을 취한 수컷의 힘을 여인의 친구들에게 자랑하고 싶어서다.

블레셋 사람들이 7일 안에 이 문제를 풀면 삼손이 그들에게 옷을 주어야 하고 그들이 풀지 못하면 블레셋 사람들이 삼손에게 옷을 주어야 한다. 블레셋 사람들이 수수께끼를 풀 수 없자 삼손의 아내를 7일 동안 위협했다. 네 남편이 우리의 소유를 빼앗고자 이런 수수께끼를 냈으니 네 남편을 설득해 답을 알아오지 않으면 너의 집을 불사르겠다는 것이다.

삼손이 울며 재촉하는 아내의 요청을 거절하지 못하고 "강한 것은 사자요 단것은 꿀"이라고 답을 알려준다. 삼손은 블레셋 사람들에게 베옷과 겉옷 삼십 벌을 주어야 했다.

그때 다시 여호와의 영이 삼손에게 갑자기 임하신다(삿4:19). 나실인의 힘이나 여호와의 힘을 블레셋 사람들 앞에 보여주라는 것이 아니다. 선택받은 힘으로 살인하지 말라는 것이다. 그런데 삼손은 '아스글론'에 가서 살인하지 말라는 율법과 사체를 만지지 말라는 나실인의 규례를 또 어기고 블레셋 사람 삼십 명을 죽여 그들의 옷을 취해 블레셋 사람에게 주며 자기 힘을 자랑했다.

삼손은 이 일로 분노하여 아내에게 실망하고 아내를 떠나 소라의 자기 집으로 와 버린다. 율법에 합당하지 않게 아내를 버렸다. 얼마 후 삼손은 염소 새끼를 가지고 다시 딤나의 아내를 찾아갔다. 장인은 아내를 이미 다른 남자에게 주었으니 대신 처제를 주겠다고 한다.

간음의 욕망은 뼛속 깊숙이 뿌리를 내리고 있어서 질투의 감정 속에서 더욱 강해진다. 화가 난 삼손은 이를 거절하고 여우 삼백 마리를 잡아 여우의 꼬리와 꼬리를 매고 그사이에 횃불을 매달아 블레셋 사람의 곡식 밭으로 내몰아 곡식과 포도원과 올리브 농원을 다 태워 버린다.

이에 화가 난 블레셋 사람들이 삼손의 장인과 삼손의 아내를 불태워 죽이자 삼손이 블레셋 사람들의 정강이와 넓적다리를 쳐서 죽이고 유다 땅 '에담' 바위틈으로 숨어버린다. 삼손은 나실인의 힘으로 세상 망나니들이나 하는 짓을 했다. 지금도 하나님의 이름으로 이런 행위를 일삼는 자들이 있다.

단 지파, 삼손의 불순종으로 그 불똥이 유다 지파로 번졌다. 블레셋이 삼손을 잡겠다고 유다에 전쟁을 선포하고 삼손만 넘겨주면 싸우지 않겠다고 했다. 유다 사람 삼천 명이 에담 바위틈에 숨어 있는 삼손을 잡아 새 줄에 묶어 블레셋 사람에게 넘겨준다.

서로 힘을 합쳐 블레셋과 싸워야 할 유다 사람이 삼손을 잡아 적에게 넘겨버렸다. 이스라엘 공동체가 분열되었다. 성령의 역사를 죄에서 돌이키는 은혜로 활용하지 않고 자기가 영웅 되는 방편으로 삼으면 내부는 갈등하고 분열하게 돼 있다.

블레셋 사람들이 삼손을 죽이고자 달려들 때 하나님의 영이 다시 삼손에게 임하자 삼손을 묶은 새 줄이 불탄 삼처럼 떨어져 나갔다(삿5:14). 마침 그곳에 죽은 지 얼마 되지 않은 나귀의 사체가 있었다. 삼손이 그 나귀 사체에서 턱뼈를 뽑아 천 명을 죽여버린다. 삼손의 영웅담이 아니다. 영적 간음에 눈이 먼 삼손의 죄를 고발한 것이다.

차라리 그때 성령의 역사를 힘입고 블레셋에 잡혀가 눈이 뽑히고 회개했다면 애꿎은 천 명은 죽이지 않아도 되었다. 들릴라와 간음하는 일도 없었다. 그러나 삼손은 이 승리에 대하여 "나귀 턱뼈로 한 더미 두 더미를 쌓았도다. 나귀의 턱뼈로 내가 천 명을 죽였도다."(삿15:16)라고 자기의 수컷 됨을 자랑했다.

블레셋과 싸우느라 탈진한 삼손이 '내가 목이 마르다'라며 하나님을 찾았다(삿15:18-19). 하나님을 찾는 이유가 지극히 개인적인 욕구 충족이다. 하나님은 그렇게라도 부르짖는 삼손의 기도를 들으시고 한 우묵한 곳을 터뜨려 물이 솟아나게 하셨다. 삼손은 그것을 먹고 정신이 회복되어 소생했다. 삼손은 그 샘을 '부르짖는 자의 샘물'이라는 뜻의 '엔학고레'라고 했다.

삼손의 정신을 회복하고 소생하게 한 물은 기묘자였다. "누구든지 목마르거든 내게로 와서 마시라. 나를 믿는 자는 성경에 이름과 같이 그 배에서 생수의 강이 흘러나오리라"라고 하신 기묘자는 예수 그리스도다(요7:37-38). 이 물을 마신 후부터 삼손은 이스라엘의 사사로 이십 년 동안 지냈다(삿15:20).

셋째. 삼손은 자기 보기에 좋아 보이는 자기 눈이 뽑힌 후에야 비로소 하나님의 뜻을 보고 그 뜻에 순종했다(삿16).

삼손은 사사가 된 후에도 간음의 습성을 버리지 못하고 가사의 한 창녀의 집에 들락거렸다(삿16). 죄의 쓴 뿌리는 쉽게 뽑히지 않는다. 삼손이 다시 소렉 골짜기에 살고 있던 '들릴라'라는 여인을 사랑했다(삿16:5). 삼손은 여인을 사랑했는데 들릴라는 삼손이 아닌 돈을 사랑했다. 간음의 모순이다.

블레셋 방백들이 들릴라에게 은 천백 세겔씩을 줄 터이니 삼손의 힘의 원천을 알아내라고 했다. 여자에게 당한 경험이 있는 삼손은 세 번이나 들릴라를 속였다. 새 활줄 일곱, 새 밧줄들, 삼손의 머리털 일곱 가닥을 베틀의 날실에 섞어 짜면 된다고 말했다.

그러나 들릴라가 사랑을 무기로 삼손을 재촉하고 조르자 번민하던 삼손이 진실을 말해버린다(삿16:17). "나는 모태에서부터 하나님의 나실인이다. 만일 내 머리털이 잘리면 내 힘이 내게서 떠나고 나는 약해져서 다른 사람과 같으리라" 삼손은 하나님 앞에 죄를 고백하고 회개하기보다 돈으로 유혹하는 자에게 자기의 영적 정체성을 고백해버린다.

이성의 유혹은 싸워서 이기는 것이 아니라 피해야 한다. 요셉도 보디발의 처가 유혹했을 때 모든 것을 버리고 그녀의 곁을 떠났다. 삼손은 자신의 정체성을 고백하고도 들릴라의 곁을 박차고 일어나지 못했다. 이것이 간음의 무서운 중독성이다.

삼손이 들릴라의 무릎을 베고 자다가 머리털이 다 밀려 나가고 만다. 블레셋 방백들이 약속한 은 오천오백 개를 들릴라에게 주고 삼손을 잡았다. 블레셋 군사를 본 삼손은 여호와께서 이미 자기를 떠나신 줄을 깨닫지 못하고 힘을 쓰려고 하지만 힘을 쓸 수 없다. 하나님께서 나실인의 규례를 버린 삼손을 떠나셨기 때문이다.

나실인의 다른 의무들은 몰래 어길 수도 있지만, 머리카락은 그렇게 할 수 없다. 머리카락은 나실인의 보이는 증거다. 삼손은 하나님의 영이 역사하는 가운데서도 죄를 돌이키지 않고 자기의 영웅 심리를 폭발하고 있었다. 하나님께서 그런 삼손을 살려 두시고 다시 기회를 주신 것은 머리카락이라는 나실인의 보이는 증거, 경건의 틀 속에 아직 서 있었기 때문이다.

그러나 신앙의 거룩한 틀마저 버린 삼손과는 함께할 수 없었다. 하나님이 떠난 삼손은 무력해졌다. 삼손의 힘의 원천은 삼손 자신이 아니라 하나님이셨다.

블레셋 사람들이 삼손의 눈을 빼고 놋 줄로 매어 옥에서 맷돌을 돌리게 했다(삿16:21). '자기의 눈'으로 판단하여 이방 여자들과 간음하고 자기를 영웅화시키는 눈을 빼버린 형벌은 삼손에게 주신 하나님의 은혜다. 하나님께서 블레셋을 사용해 자기 눈과 자기 소견에 옳은 데로 영적 간음에 중독돼 살던 사사시대를 정리하셨다.

삼손이 잡힌 이후 머리카락이 조금씩 자랐으나 다시 힘이 세지지는 않았다. 태어날 때부터 몇십 년 동안 한 번도 자르지 않은 그 머리카락의 길이에 미치지 못해서가 아니라 나실인의 삶을 버렸기 때문이다. 그때 삼손은 비로소 자기 힘의 원천은 머리카락이 아니고 하나님에게서 나왔다는 것을 깨닫는다.

삼손은 자기가 좋아하는 세상을 다시 볼 수 없을 때야 비로소 하나님의 눈으로 자기를 유혹한 세상을 볼 수 있었고 하나님의 뜻을 깨달았다. 블레셋 사람들은 '다곤신'이 삼손을 자기들의 손에 붙였다고 다곤신에게 제사를 드리는 자리에 삼손을 불러 재주를 부리게 했다. 다곤 신전에 블레셋 사람들이 가득 모였다. 지붕에 있는 자만 삼천 명이다.

삼손은 자기를 붙잡고 있는 소년에게 자신의 손으로 신전의 기둥을 붙들고 의지하게 해달라고 부탁했다. 삼손은 여호와 하나님께 부르짖었다. "하나님, 나를 기억하여 주시기를 간절히 바랍니다. 이번 한 번만 힘을 주시기를 간절히 바랍니다. 나의 두 눈을 뽑은 블레셋 사람들에게 단번에 원수를 갚게 하여 주십시오"(삿 16:28).

삼손은 자기 눈이 뽑힌 뒤에야 비로소 여호와께 부르짖었다. 그동안 삼손은 하나님을 찾지도 부르지도 않았다. 성령을 자기 힘을 과시하는 데 이용하며 살아왔다. 성령의 가장 강력한 힘은 죄를 깨닫고 죄에서 돌아서게 하는 힘이다.

영적 간음의 현장으로 가는 삼손에게 돌아서라는 사인을 보낼 때는 여호와의 영이 강하고 급하게 임했는데, 삼손이 눈이 뽑혀 하나님의 눈으로 보고 회개하며 기도할 때는 여호와의 영이 함께했다는 말이 없다. 회개 자체가 성령의 가장 큰 역사이기 때문이다.

회개하고 변화되면 지금까지 한 일보다 더 의미 있는 일을 할 수 있다. 기둥이 무너지고 건물이 무너지면서 그 안에 있는 방백과 사람들이 다 죽었다. 사사들 중에서 유일하게 적들과 함께 죽은 사사가 삼손이다. 삼손이 죽을 때 죽인 사람이 삼손이 살았을 때 죽인 사람보다 더 많았다. 죽음 앞에서의 회개는 살아생전에 했던 것보다 더 의미 있는 일을 남길 수 있게 한다.

삼손을 택하신 하나님의 뜻은 맨손으로 사자를 찢어 죽이는 괴력이나 나귀 턱뼈 하나 가지고 1,000명을 쳐 죽이는 것이 아니었다. 여우 300마리를 잡아 꼬리에 불을 붙여서 블레셋 농가를 불바다로 만드는 것도 아니다. 수수께끼에 지고 아랫마을에 가서 30명을 죽이고 착취한 옷으로 신랑의 체면을 지키는 것도 아니다. 이것들은 모두 수컷, 삼손의 힘자랑일 뿐이다.

삼손의 삶을 통해 기억해야 할 최고의 순종은 회개다. 회개는 내가 좋아하는 것을 보게 하는 내 거짓 눈을 빼 버리는 것이다. 그러면 비로소 하나님의 눈이 좋아하는 것들이 보인다. 성령 충만은 내 눈이 좋아 보이는 길에서 돌아서는 것이다.

24.
입다의 순종

(삿11:7-8). 찬송 323장 "부름 받아 나선 이 몸"

이방 신은 쾌락으로 유혹하고 핍박으로 통치하나 고난에서 구원해 주지는 못한다. 죄의 고난 가운데서 구원해 주실 분은 여호와 하나님 한 분뿐이다. 18년 동안 암몬 자손에게 학대받던 이스라엘이 살려달라고 부르짖자 하나님은 입다를 사사로 세워 이스라엘을 구원해 주신다. 입다는 제8대 사사로 6년간 이스라엘을 섬겼다.

첫째. 입다는 개인의 아픈 감정을 이겨내고 자기를 버린 가족과 민족을 구하는 대의 앞에 순종했다(삿11:6-11).

입다는 므낫세 지파에 속한 길르앗 사람이고 큰 용사였으나 기생인 어머니와 길르앗 사이에서 태어난 서자였다. 길르앗의 본처 아들들이 입다에게 너는 다른 여인의 자식이니 우리 아버지의 기업을 함께 받을 수 없다며 입다를 구박했다. 이복형제들은 입다의 용맹스러움이 두려웠을 것이다. 사람들은 자기보다 어리석고 힘이 없는 존재를 향해서는 질투하지 않는다. 그런 자는 오히려 곁에 두고 이용하려 한다.

입다를 큰 용사라고 소개한 것을 보면 입다에게는 얼마든지 자기를 구박하는 형제들을 제압할 힘이 있었다는 것이다. 그러나 입다는 미움과 복수심에 불타기보다 기도로 마음을 다스리며 자기와 처지가 비슷한 사람들과 서로 위로하며 사는 길을 택했다(삿11:11).

입다가 이복형제들을 피해 '돕' 땅에 거주하자 그 지역 건달들이 입다에게 모여들었다. 다윗이 사울에게 쫓겨 아둘람 굴에 있을 때 환난당한 자, 빚진 자, 마음이 원통한 자 4백여 명이 다윗에게 모여들었던 것처럼(삼상22:2) 자신들과 처지가 비슷한, 입다를 따르는 자들이 모여들었다.

하나님은 거룩한 왕따 당하는 사람과 함께해 주신다. 거룩한 왕따는 나의 실수나 잘못이 아닌 나의 거룩과 탁월함으로 인해 불의한 자들에게 집단으로 시기 질투를 당하는 것이다. 순종의 사람은 거룩한 왕따를 당하나 분노에 빠지지 않는다.

요셉도 그의 수고의 결과로 형제들의 일용할 양식을 책임져 주겠다는 꿈을 꾸는 바람에 형들로부터 버림받아 노예로 팔려 갔으나 형들에 대해 미움과 분노에 빠지지 않았기에 하나님께서 그의 낯선 순종의 길에 동행해 주셨다.

거룩한 왕따를 당하나 하나님께서 함께해 주시는 은혜를 받으려면 순종의 낯선 길을 가야 하고, 세상 것들을 배설물로 여길 수 있어야 하며 세상의 박해도 기뻐할 수 있어야 하고 사람에게는 버린 바 되었으나 산 돌이신 예수께 나아가야 한다.

암몬 자손이 이스라엘을 치려고 길르앗에 진을 치자 이스라엘 자손도 미스바에 진을 쳤다(삿11:4-6). 길르앗 백성과 방백들이 나가 암몬 자손과 싸워 승리하는 자가 우리의 지도자가 될 것이라고 하나, 이스라엘 백성 중에는 이들과 대항해 싸울 용사가 없다. 입다가 큰 용사인 것을 잘 알고 있던 이스라엘 장로들이 돕 땅으로 입다를 찾아가 우리의 사령관이 되어 싸워 달라고 부탁한다. 평상시에는 입다와 같이 있는 것도 부담스러워하던 자들이 위기에 처하자 그의 능력을 무시할 수 없었다.

입다가 "과거 나를 미워해 내 아버지 집에서 나를 쫓아내더니 이제 환난이 닥치니 내게 왔느냐"며 그들의 죄를 따졌다(삿11:7-8). 장로들이 이제 그런 과거의 감정은 잊고 우리와 함께 가서 암몬 사람들을 무찔러 주면 군사령관뿐 아니라 전쟁이 끝난 후에는 이스라엘의 최고 지도자로 삼겠다고 했다.

그러나 입다는 개인의 감정보다 대의에 순종했다(9-11). 장로들의 제안에 입다가 '여호와께서 그들을 내게 넘겨주시면 내가 과연 너희의 머리가 되겠느냐' 묻고 장로들이 전쟁의 승리를 조건으로 약속하자 입다가 그들과 함께 미스바로 가서 총사령관이 된다. 인간은 사소한 서운함만 있어도 분노를 품고 그 감정의 지배를 받는다. 따돌림당한 서러움을 이기고 그들을 위해 공의를 베푼다는 것은 어려운 일이다.

입다는 이스라엘 공동체로부터 당한 서러운 감정을 이기고 대의에 순종해 위기에 처한 이스라엘을 구하러 나섰다. 사령관이 된 입다가 가장 먼저 한 것은 길르앗 사람들이 자신을 찾아와 한 이야기를 여호와께 다 아뢰는 것이다(11). 입다가 개인의 감정을 이기고 공의와 대의 앞에 순종할 수 있었던 것은 하나님께 기도하는 사람이었기 때문이다.

둘째. 입다는 모든 역사를 하나님의 관점으로 이해하는 자였고 세상의 판단이 아닌 하나님의 판단에 순종했다(삿11:12-28).

사령관이 된 입다가 먼저 사신을 암몬에 보내 이스라엘을 치러온 이유를 묻자 암몬이 길르앗은 본래 자기들 땅인데 이스라엘에 빼앗겨 그 땅을 찾으러 왔다고 했다. 이에 입다가 그의 탁월한 역사 지식과 하나님에 대한 믿음으로 외교적 담판을 짓는다.

입다는 칼과 창과 활을 들고 나가 싸우기 전에 하나님께서 친히 함께하셔서 지금까지 인도해 오신 이스라엘의 역사를 근거로 암몬의 전쟁 빌미를 조목조목 반박했다(14-18). 먼저, 요단 동편 길르앗 땅은 암몬 사람의 땅이 아니고 아모리와 시혼과 바산 왕 옥의 땅이었는데 이스라엘이 빼앗아 이스라엘 땅이 되었다. 이스라엘 민족이 가데스바네아에 이르렀을 때 모세가 에돔 왕과 모압 왕에게 그들의 땅을 좀 통과하게 해달라고 했으나 그들이 허락하지 않았고 하나님께서도 저들과 싸우지 말고 돌아가라고 하셨다(민20:14-21).

이에 이스라엘이 하나님의 말씀에 순종해 에돔땅과 모압의 경계인 아르논에 진을 치고 아모리 왕 시혼에게 가나안 땅으로 가는 길을 좀 빌려달라고 부탁했다. 그러나 저들은 길을 내주기는커녕 군사를 이끌고 나와 싸우려고 했다. 이에 이스라엘이 아모리 왕을 물리치고 그 땅을 빼앗은 것이라고 입다가 말했다(민21:21-35).

또한 입다는 길르앗 땅은 하나님께서 이스라엘에게 주신 땅이라고 주장했다(삿11:23-28). 만약 너희 암몬 신인 '그모스' 신이 너희에게 땅을 차지하게 하면 너희가 그 땅을 차지하는 것처럼 길르앗은 여호와 하나님이 이스라엘에게 주신 땅이라는 것이다. 그리고 이스라엘이 이 땅에 거주한 지 이미 300년이 되었고 그동안 한 번도 서로 다투지 않았다는 것은 이미 그 점유권이 인정되었다는 것이다. 만약 우리의 점령이 잘못되었다면 하나님께서 이 일을 공의로 심판하실 것이라며 소유권을 못 박아버렸다. 이스라엘은 하나님께서 기업으로 정해주신 곳에서 순종하며 살고 있다는 것이다.

대부분 사람은 하나님의 역사나 하나님의 뜻보다는 지금 나에게 유리하고 유익하냐를 따라 행동한다. 그러나 입다는 오직 하나님의 판단에 순종했다. 이런 순종의 배경에는 그의 역사에 대한 해박한 지식과 바른 이해가 있었다.

우리가 구약의 역사서를 공부하는 이유 중 하나다. 입다는 싸움 잘하는 용사일 뿐 아니라 해박한 역사적 지식을 갖춘 문인이었고 하나님의 판단에 절대 순종하는 믿음의 사람이었다. 지성과 야성에 영성을 겸비한 사사였다.

셋째. 그러나 입다는 교만에 빠져 경솔한 서원을 한다. 잘못된 서원을 취소하고 돌아설 기회를 얻고도 회개하지 않고, 고집을 부리면서 하나님께 불순종하는 자가 돼 버린다(삿11:19-35).

사사들을 묵상할 때는 그들이 쓰임 받은 후 어떻게 교만해지고 그 교만의 결과는 무엇인지 잘 보고 깨달아야 그런 실수를 하지 않을 수 있다. 교만은 나도 힘이 있다는 것이다. 인간은 작은 힘만 있어도 그 힘을 다른 사람에게 보여주고 싶어 한다.

교만은 지킬 수 없는 약속을 하고 경솔한 서원을 드린다. 인간의 힘은 아무리 탁월해도 하나님을 의지할 때만 거룩한 힘이 되어 하나님을 사랑하고 이웃을 사랑할 수 있다. 성경은 "교만은 패망의 선봉이요 거만한 마음은 넘어짐의 앞잡이니라"고 했다(잠16:18).

야성과 지성에 영성까지 갖춘 입다가 그 힘자랑을 절제할 수 없었다. 입다가 바른 역사적 근거를 중심으로 암몬 왕에게 화친을 제의했으나 암몬 사람들은 입다의 말을 듣지 않고 계속 싸우고자 했다.

그때 여호와의 영이 입다에게 임했다(삿11:9). 하나님의 영이 임한다는 것은 지금 네가 가는 길에 유혹이 있다는 것이다. 이 전쟁은 여호와께서 함께하시겠다는 것이고 내가 너를 사령관으로 세웠으나 너는 나를 의지하라는 것이다.

그런데 입다가 승리를 조건으로 여호와께 서원한다. 하나님께서 암몬 자손을 물리치게 해주서서 내가 평안히 돌아올 때 누구든지 내 집 문에서 나와서 나를 영접하는 자를 여호와께 번제물로 드리겠다고 했다(29-31).

언뜻 하나님께서 꼭 자기와 함께해 달라는 간구처럼 보이지만, 이 서원에는 자기 힘을 보여주겠다는 교만이 깔려있다. 그 교만 속에는 그동안 큰 용사의 능력을 발휘할 기회를 얻지 못하고 살아온 서자의 열등의식이 있다. 교만은 판단을 흐리게 하고 가벼운 약속을 남발하게 한다. 입다의 교만이 하나님 앞에 경솔한 서원을 하게 했다.

입다가 암몬의 20개 성읍을 치고 암몬의 항복을 받아 개선장군이 되어 집으로 돌아온다. 그때 입다의 집 앞에서 입다의 사랑하는 무남독녀가 소고치고 춤추며 아버지를 영접한다. 입다는 그렇게 자기 집 앞에서 자기를 환영한 자를 번제물로 드리겠다고 서원했다.

입다는 이스라엘을 치러 온 암몬 왕을 말로 담판을 지을 정도로 탁월한 사람이었으나 교만의 함정에 빠져 자기 집에서 나온 사람은 자기 가족이란 걸 깨닫지 못하고 경솔하게 서원했다.

입다가 사람을 제물로 드리겠다고 서원한 것은 당시 몰렉신을 섬기는 모압사람들이 자식을 신에게 바치는 것을 보고 영향을 받은 것이다. 동네 불량배들의 큰형님이 되어 다니면서 가나안 사람들이 그들의 신을 섬기는 것을 보고 배운 것이다.

하나님께서 아브라함에게 이삭을 번제로 드리라고 하였으나 하나님께서 친히 숫양을 준비해 두시고 사람 이삭을 번제로 드리는 것을 막으셨다. 이스라엘 역사에 통달 한 입다가 아브라함과 이삭을 통해 말씀해 주신, 하나님은 인간의 생명을 요구하지 않으신다는 것을 깨닫지 못한 것은 교만해져서다.

입다가 서자라는 이유로 집에서 쫓겨나 떠돌아다닐 때는 그의 연약함이 다른 약한 자를 품는 사랑으로 나타났는데, 사령관이 되자 그동안 억눌렸던 용사 됨, 자신의 강함을 자랑하고 싶어진 것이다. 목회와 선교 현장에서 쉽게 볼 수 있는 모습이다.

교회 안에도 스스로 하나님께 약속해놓고 그걸 지키는 것을 자신의 영광으로 삼는 영적 교만에 빠진 자가 많다. 하나님만이 상대의 동의 없이 스스로 약속하실 수 있는 유일한 분이다. 인간은 하나님의 약속에 순종해야 하는 의무만 있을 뿐이다. 교만해지면 죄인의 욕심 충족을 조건으로 하나님께 약속을 제안하려고 한다.

하나님의 영광을 위한 소원은 반드시 지켜야 하지만(민30:2, 전5:4, 시15:4), 부지중에 한 서원, 즉 자기를 위해 한 소원은 일 년 된 암염소로 속죄제를 드리고 취소할 수도 있었다(민15:27-28). 서원은 자기 힘자랑하는 것이 아니고 하나님 이름의 영광을 위한 것이다. 만약 입다가 집 앞에서 영접하는 딸을 보고 자기의 경솔함을 회개하고 속죄제를 드렸다면 교만의 연장선에 있는 또 다른 죄는 짓지 않았을 것이다.

하나님께서는 입다가 사람을 제물로 드리는 제사를 바라지 않으셨다. 입다가 자기 교만을 꺾고 하나님께 순종하기를 원하셨다. 그러나 입다는 "자기 옷을 찢으며 이르되 어찌할꼬 내 딸이여 너는 나를 참담하게 하는 자요. 너는 나를 괴롭게 하는 자 중의 하나로다. 내가 여호와를 향하여 입을 열었으니 능히 돌이키지 못하리로다"하며 회개하고 돌아설 수 있는 절호의 기회를 저버리고 자기가 한 서원을 지키겠다고 고집을 부린다.

그러나 하나님은 다시 그의 딸을 통해 입다에게 회개할 기회를 주셨다(36-40). 입다의 딸이 하나님께서 암몬 자손에게 원수를 갚게 했으니 자신은 죽어도 좋다면서, 친구들과 산에 가서 두 달간 처녀로 죽는 것을 슬퍼할 시간을 달라고 했다. 이 두 달이 하나님께서 입다에게 주신 회개의 기회다. 그러나 입다는 끝내 돌이키지 않고 두 달 뒤 산에서 내려온 딸을 번제의 이름으로 죽이는 우를 범한다. 어리석은 자기 신념을 믿음으로 착각해서다.

돌이키지 않은 입다의 영적 교만이 민족상잔의 비극을 불러왔다(삿12:1-7). 므낫세 지파인 입다가 암몬 족속을 쳐부수고 돌아오자 에브라임 지파가 입다에게 암몬 족속과 싸우러 갈 때 왜 자기들을 부르지 않았느냐고 시비를 건다. 사실 입다가 그들을 불렀으나 그들이 나오지 않다가 승리하고 오자 이를 문제 삼고 입다와 그의 집을 불사르겠다고 위협한 것이다.

에브라임과 므낫세는 요셉의 아들들이고 야곱의 손자들로 본래 열두 지파에 낄 수 없었는데 아버지 요셉의 순종으로 12지파에 든 은혜를 입은 자들이다. 더구나 에브라임은 므낫세의 동생인데 할아버지 야곱이 열두 지파의 장자 지파로 축복해 주었다. 여호수아도 에브라임 지파다.

감사하고 겸손해야 할 에브라임이 또 다른 트집을 잡아 전쟁으로 지치고 무남독녀까지 죽인 상심한 입다를 자극한다. 길르앗에 사는 므낫세 지파는 에브라임에서 도망친 자들이라고 모욕한다(삿 12:4). 이는 사실이 아니다. 르우벤과 갓자손이 길르앗 땅을 분배받을 때 므낫세 반 지파도 길르앗 땅을 요구해 정당하게 분배받았다. 그 대가로 가나안 정복 전쟁의 선봉에 서서 싸웠다(민32:5-17).

이에 분노한 입다가 길르앗 사람들을 모아 에브라임 사람들을 치기로 한다. 길르앗 사람들이 에브라임 사람보다 먼저 요단강을 건너 나루터를 장악하고 있다가 도망치는 에브라임 사람이 강을 건너가게 해 달라고 하면, 그에게 에브라임 사람이냐고 묻고 에브라임 사람이 아니라고 하면 '쉽볼렛'을 발음해보라고 해서 '쉽볼렛'을 '십볼렛'이라 발음하면 에브라임 사람으로 여기고 죽였는데 그때 죽은 자가 사만이천 명이었다. 가나안 입성 전 인구조사에서 에브라임 지파의 인구는 삼만이천오백 명이었으니(민26:37) 인종을 말살해 버린 것이다.

에브라임은 과거 기드온이 미디안과 싸우고 돌아올 때도 자기들을 전쟁에 부르지 않았다고 시비를 걸었다(삿8장). 기드온도 므낫세 지파다. 그때 기드온은 에브라임 지파의 가장 작은 사람이 므낫세 지파의 가장 큰 사람보다 훌륭하고 에브라임 지파의 업적이 기드온의 업적보다 크다며(삿8:2-3), 저들을 치켜세워서 민족상잔을 피했다. 사실 기드온이 핵심 부대를 물리쳤고 에브라임 지파는 도망치는 두 장군을 물리쳤을 뿐이다. 그러나 기드온은 에브라임이 한 일을 훌륭하다고 인정해주어 에브라임 지파의 노를 풀게 했다.

시기 질투하는 내부의 적에 대해 기드온은 겸손과 온유함으로 대처했으나 입다는 지식과 힘의 논리로 대응했다. 기드온은 왕이 되어 달라는 요구를 거절했는데 입다는 자기 영광의 길을 가로막는 자는 가차 없이 죽여버렸다. 그러나 기드온도 마지막에는 돈을 사랑해 그의 종말도 좋지 않았다. 사사들은 외부의 적은 이겼으나 내부의 적에는 약했다. 이것이 기독교의 함정이다.

교회나 선교 현장에서는 외부의 적보다 내부의 적을 이기기 위해 기도해야 한다. 내부의 적은 교만에서 출발해 시기하고 질투하며 갈등하고 분열하게 한다. 교만은 온유함과 인내로 다스려야 한다(잠15:12). 영적 교만은 연합해야 할 동역자를 경쟁의 대상으로 삼고 자기 욕망을 이루려고 한다. 자신을 피해자처럼 이웃의 동정을 자극한다. 어리석은 약속에서 돌아서는 것을 부끄러워한다. 그 만용에서 돌아서야 민족상잔, 내부분열의 아픔으로 이어지지 않는다.

25.
입다 딸의 순종

(삿11:34-40). 찬송 434장 "귀하신 친구 내게 계시니"

서원은 자기 힘을 자랑하는 것이 아니고 하나님의 영광을 위한 것이다. 예수님은 하늘로도 땅으로도 예루살렘으로도 심지어 우리의 머리를 가지고도 맹세하지 말라고 하셨다(마5:33-37). 하나님의 영광을 말할지라도 인간의 서원이나 맹세에는 인간의 욕망이 숨겨져 있기 때문이다.

입다의 개선 행진 앞에 입다의 무남독녀가 나와 아버지를 영접한다. 하나님은 입다에게 딸을 바치라고 명령하시지 않았다. 그러나 입다는 교만에서 돌아서지 않았다. 입다가 경솔하게 서원하는 바람에 승리의 축제장이 비극적이고 슬픈 시간이 되고 말았다.

오늘 내가 누리는 평안한 삶은 내가 하나님께 약속한 귀한 것을 드렸기 때문에 하나님께서 보상해 주신 삶이 아니다. 누군가 나의 교만하고 경솔한 기도를 대신해 그의 거룩한 몸을 드렸기 때문이다. 입다 딸은 자신을 희생해 아버지가 서원을 지킬 수 있도록 했다.

첫째. 입다의 딸은 아버지가 그의 서원을 지킬 수 있도록 희생제물이 되는 순종을 했다(삿11:36).

입다 딸의 순종에는 우리 주님의 모습이 선명하다. 입다가 바른 역사를 근거로 암몬 왕에게 화친을 제의했으나 암몬 사람들은 입다의 말을 듣지 않고 계속 싸우고자 한다. 그때 여호와의 영이 입다에게 임하였다(삿11:9). 전쟁을 앞둔 입다에게 하나님의 영이 임했다는 것은 이 전쟁은 여호와께서 친히 싸우시는 전쟁이니 네 뜻대로 하지 말고 나를 의지하라는 사인이다.

이럴 때는 감사하며 그 은혜를 찬양해야 한다. 그런데 입다는 하나님께서 암몬 자손을 내 손에 넘겨주셔서 내가 암몬 자손을 물리치고 평안히 돌아올 때 누구든지 내 집 문에서 나와서 나를 영접하는 자를 여호와께 번제물로 드리겠다며 여호와께 서원했다(29-31). 하나님은 승리를 약속해 주셨는데, 입다는 특별한 제물을 드리겠다는 조건으로 승리하게 해달라고 부탁한 것이다. 교만이다.

입다가 암몬의 20개 성읍을 치고 개선장군이 되어 돌아올 때 그의 집 앞에서 그의 사랑하는 무남독녀가 소고치고 춤추며 아버지의 승리를 축하하며 환영했다. 뛰어가 사랑스러운 딸과 함께 춤을

추며 기뻐해야 할 입다가 자기 옷을 찢으며 "어찌할꼬 내 딸이여, 너는 나를 참담하게 하는 자요, 너는 나를 괴롭게 하는 자 중의 하나로다, 내가 여호와를 향하여 입을 열었으니 능히 돌이키지 못하리로다."며 슬퍼한다. 자기가 한 서원 때문이다.

입다는 야성과 지성에 영성까지 갖춘 보기 드문 지도자였다. 이스라엘을 치러 온 암몬 왕을 말로 담판을 지을 정도로 탁월한 자다. 그렇게 큰 용사였으나 자신이 서자라는 것 때문에 좌절해 있던 입다였다. 하지만 암몬의 핍박으로 자기 능력을 발휘할 기회가 주어지자 교만해졌다.

뒷골목 대장질이나 하던 입다를 이스라엘군 총사령관에 임명하신 것은 자기를 불러 세우신 하나님께 순종하라는 것이지 그 신분에 걸맞은 큰일을 하라는 것이 아니다. 교만은 사리 판단을 흐리게 하고 가벼운 약속을 남발하게 한다. 자기 집에서 나온 사람은 자기 가족이란 걸 깨닫지 못하고 경솔한 서원을 한 것이 그 증거다.

입다의 딸은 자기가 번제물이 되어야 한다는 사실을 알고, 그 서원을 취소하지 않겠다는 아버지를 보고도 원망하기는커녕 오히려 슬퍼하는 아버지를 위로했다(35-36). "나의 아버지여 아버지께서 여호와를 향하여 입을 여셨으니 아버지의 입에서 낸 말씀대로 내게 행하소서 이는 여호와께서 아버지를 위하여 아버지의 대적 암몬 자손에게 원수를 갚으셨습니다."

이 모든 일은 아버지의 경솔한 믿음으로 발생한 일이 아니고 하나님의 섭리 안에 있다는 것이 입다 딸의 믿음이고 고백이다. 아버지 입다에게 암몬 자손을 붙이신 것이나 자신이 가장 먼저 아버지를 영접하게 된 것이 하나님의 뜻이니 아버지가 서원한 대로 자신에게 행하라고 했다. 입다의 딸은 에브라임 지파의 시기 질투도 알고 있었을 것이다. 저들을 제압해 민족이 하나 되기 위해서는 아버지의 리더십이 흔들리지 않아야 한다고 생각했을 것이다.

입다의 딸은 아버지가 한 서원을 취소하는 것이 불가능하다는 것도 알았다. 율법에 딸의 서원은 아버지가 취소할 수 있었으나 아버지의 서원은 딸이 취소할 수 없었다. 아버지 하나님의 약속을 성자 하나님이신 예수님이 취소할 수 없었다. 성자 예수께서 할 수 있는 것은 오직 순종뿐이었듯 입다 딸에게 주어진 길도 오직 순종의 길뿐이다.

그녀는 아버지가 서원했다는 것도 알고 그 서원의 내용이 무엇인지도 알았을 것이다. 그런데도 집 앞에 나와 소고치며 춤추며 아버지를 맞이한 것은 아버지의 서원이 헛되지 않아야 하기 때문이다. 그녀는 아버지의 서원을 자기의 서원, 자기가 해야 할 순종으로 받아들였다. 민족의 대적이었던 암몬 자손을 물리친 아버지의 은혜에 그 민족 공동체의 한 일원으로 당연히 해야 할 순종으로 받아들였다.

만약 딸이 죽음이 두려워 아버지를 원망하고 반항한다면 입다는 곤란해진다. 딸이 살려고 하면 아버지가 죽어야 한다. 자신이 죽으면 아버지가 살고 나라가 산다. 자신이 죽지 않으면 아버지는 망신을 당하지만, 자신이 침묵하고 죽으면 아버지의 영광은 계속된다.

모리아 산에서 이삭이 순종했던 것처럼 하나님의 독생자 예수님이 아버지 하나님의 약속에 순종해 십자가를 지셨다. 예수님은 자기 죽음만이 죄인들을 살릴 수 있다는 아버지의 약속에 기꺼이 자신을 십자가에 던지셨다. 공동체를 위하여 자신을 희생한 입다 딸의 순종에는 이런 구속사의 그림이 담겨 있다.

둘째. 입다의 딸은 죄인들의 친구 되신 예수님의 순종을 보여주고 있다(37-38).

죽음이 확정된 딸이 자신을 죽여야 하는 아버지에게 마지막으로 한 가지 부탁했다. 두 달 동안 자신의 동무들과 함께 산에 올라가 자신의 처녀로 죽는 것을 실컷 슬퍼하도록 허락해 달라는 딸의 마지막 요청에 아버지 입다가 허락했다.

입다의 딸은 죽음 앞에서 함께 슬퍼할 친구들이 있었다. 진정한 친구는 내가 즐거워할 때 함께 즐거워하고 내가 슬퍼 울 때는 함께 슬퍼하며 울어줄 수 있어야 한다(롬12:15). 입다의 딸에게는 두 달 동안 함께 산에 올라가 그녀의 슬픔과 고통에 동참해 줄 정도로 그녀를 진정으로 사랑하고 아끼는 친구들이 있었다.

입다 딸과 친구들의 모습에 예수님이 친구에 대해 하신 말씀이 떠오른다.

"요15:13 사람이 친구를 위하여 자기 목숨을 버리면 이보다 더 큰 사랑이 없나니 14 너희는 내가 명하는 대로 행하면 곧 나의 친구라 15 이제부터는 너희를 종이라 하지 아니하리니 종은 주인이 하는 것을 알지 못함이라 너희를 친구라 하였노니 내가 내 아버지께 들은 것을 다 너희에게 알게 하였음이라 16 너희가 나를 택한 것이 아니요 내가 너희를 택하여 세웠나니 이는 너희로 가서 열매를 맺게 하고 또 너희 열매가 항상 있게 하여 내 이름으로 아버지께 무엇을 구하든지 다 받게 하려 함이라."

입다의 딸이 친구들과 죽기 전 마지막 시간을 보낸 것처럼 죄인들의 친구를 자처하신 예수님은 그의 사랑하는 제자들과 함께 십자가 지시기 전날을 함께 보내셨다(마26). 예수께서 마지막 유월절을 제자들과 함께 보내셨던 것처럼 입다의 딸도 친구들과 함께 최후 만찬을 나누었을 것이다. 예수께서 떡을 들고 축복하시고 떼어 제자들에게 주시며 "받으라 이것은 내 몸이니라" 하시고 또 잔을 들고 감사 기도하시고 "이것은 많은 사람을 위하여 흘리는 나의 피 곧 언약의 피라" 하셨던 것처럼, 입다 딸의 친구들도 동정녀로 죽어야 하는 친구의 슬픔을 슬퍼하고 위로했을 것이다.

예수님이 유월절 만찬을 마치고 찬미하고 감람산으로 가셨던 것처럼 입다의 딸과 친구들도 기도의 자리로 나아갔을 것이다. 겟세마네에서 땀방울이 핏방울이 되어 떨어지는 처절한 기도를 드리는 예수님과 달리 육체의 졸음을 이기지 못하던 제자들처럼 입다의 친구들도 죽음을 앞둔 입다의 딸이 드리는 기도에는 동참하지 못했을 것이다.

예수님이 가능한 한 십자가의 때가 자기에게서 지나가기를 바라며 "아빠 아버지여 아버지께는 모든 것이 가능하오니 이 잔을 내게서 옮기시옵소서. 그러나 나의 원대로 마시옵고 아버지의 원대로 하옵소서"라고 기도하신 것처럼 입다의 딸도 기도했을 것이다.

하나님께서 이삭을 대신해 준비하신 숫양이 자기가 집으로 돌아가는 길에도 준비되어 있길 기도했을 것이다. 그리고 예수님이 죄인들의 친구가 되시어 겟세마네 동산에서 잡히신 것처럼 입다의 딸은 죄인 입다의 친구가 되어 산에서 내려와 번제물이 되어 아버지를 살렸다.

셋째. 그녀는 아버지에게 회개하고 돌이킬 두 달의 시간과 기회를 주었다(36-40).

하나님은 입다에게 세 번의 기회를 주셨다. 첫 번째는 백성들의 초청으로 사령관이 되어 말로써 상대를 물리쳤으나 상대가 전쟁을 포기하지 않자 성령이 임하셨을 때다. 이는 겸손하게 하나님 앞에 무릎 꿇고 순종하라는 사인인데 입다는 경솔한 서원을 했다.

두 번째는 암몬과의 전쟁에서 승리하고 돌아올 때 그녀의 딸이 춤추며 환영하는 것을 볼 때다. 그때 입다는 자기 서원 속에 있는 교만을 깨닫고 돌아서야 했다. 그러나 입다는 자신의 옷을 찢으며 슬퍼하고 괴로워했지만 끝내 자기 고집을 꺾지 않았다. 입다는 뉘우치고 딸을 위로하기보다 딸에게 "너는 나로 참담케 하는 자요. 너는 나를 괴롭게 하는 자 중의 하나이로다."라고 원망 섞인 말을 했다.

교만은 모든 것을 자기중심적으로 생각하고 판단하게 한다. 입다는 자기 집에서 가장 먼저 영접 나오는 자는 자기 종이라 생각했을지 모른다. 그리고 종은 번제물로 드려도 된다고 생각했는지 모른다. 하나님 앞에 드리는 번제는 나를 제물로 드리는 것이다. 그러나 하나님께서 사람을 대신해 흠 없는 짐승으로 대신하게 하셨고, 그의 독생자 예수 그리스도를 제물 삼아 내가 죽어야 할 죽음을 대신해 주셨다. 이것이 구속의 은혜다.

하나님께서 입다에게 주신 세 번째 기회는 그의 딸이 내가 제물이 될 테니 친구들과 함께 산에 올라가 처녀로 죽음을 실컷 슬퍼하겠다며 달라고 한, 두 달이란 시간이다. 입다의 딸은 지금까지 못 다 한 쾌락을 즐겨보겠다고 시간을 달라고 한 것이 아니다. 자기는 친구들과 함께 유월절 만찬을 나누며 아버지를 위해 기도할 테니 아버지도 두 달 동안 기도하며 죄를 깨닫고 회개하고 돌이키라고 부탁한 시간이다. 하나님은 번제물로 확정된 그의 딸을 통해 입다가 돌이킬 기회를 주셨다.

입다의 딸이 두 달간 말미를 받아 친구들과 산에 올라가 슬퍼하며 아버지에게 속죄제로 돌이킬 수 있는 시간을 주었듯이 예수님도 하늘로 오르시며 다시 오시겠다고 약속해 주셨다. 그 재림의 약속이 이루어지기까지의 시간이 죄인들에게 주신 회개의 기회이고 시간이다.

하나님은 입다에게 사람을 제물로 드리는 제사를 바라지 않았다. 입다가 자기 교만을 꺾고 하나님께 순종하기를 원하셨다. 그러나 입다는 은혜로 승리하였으나 교만으로 인하여 기쁨을 누리기보다 딸을 잃는 슬픔을 당해야 했다. 하나님은 암몬 자손을 입다의 손에 붙여 항복하게 하신 것처럼 입다의 무남독녀 딸을 가장 먼저 승리자 입다를 영접한 자로 세워 입다가 항복하기를 바라셨다. 교만한 서원을 드린 입다를 구해 준 것은 그의 무남독녀의 순종이다.

그러나 입다는 끝내 돌이키지 못하고 두 달 뒤 산에서 내려온 딸을 번제의 이름으로 죽이는 우를 범했다. 이어서 민족상잔의 비극을 저지른다(삿12:1-7). 에브라임이 너희는 도망친 자들이라며 전쟁으로 지치고 무남독녀를 죽이고 상심한 입다를 자극하자 입다가 에브라임 지파 42,000명을 죽여 종족을 말살해 버렸다.

입다의 딸은 세상의 죄에 때 묻지 않은 거룩한 자였다(39). 입다의 딸이 남자를 알지 못하는 처녀의 몸으로 아버지의 어리석은 죄를 위해 죽은 것처럼 죄인의 친구를 자처하신 예수님은 동정녀의 몸을 빌려 세상에 오셔서 의인으로 번제물이 되셨다. 그 은혜로 오늘 우리는 입다와 입다 딸의 순종을 묵상하며 은혜를 받고 있다.

입다의 불신앙에 깨끗한 입다의 딸이 희생한 것처럼, 죄 없으신 예수께서 죄인들을 위해 죽임당하셨다. 입다의 딸이 "이것은 아버지를 위한 하나님의 일이니 말한 대로 행하라"고 한 것처럼 예수님도 "아버지여 만일 아버지의 뜻이거든 이 잔을 내게서 옮기시옵소서 그러나 내 원대로 마시옵고 아버지의 원대로 되기를 원하나이다"(눅22:42) 하시며 십자가를 자원하셨다.

사사 입다 이야기의 주인공은 입다가 아닌 아버지의 교만하고 경솔한 서원의 희생제물이 된 그의 딸이다(40). "이스라엘 여자들이 해마다 가서 길르앗 사람 입다의 딸을 위하여 나흘씩 애곡하더라." 당시 백성이 얼마나 이 일을 슬퍼했는지 매년 이때가 되면 입다의 딸을 위해 나흘씩 애곡 했다. 입다의 믿음이 아닌 딸의 믿음과 순종을 기념했다는 말이다.

영적 교만은 만용을 불러오고 시기하고 질투하게 한다. 연합하고 협력해야 할 대상과 경쟁하며 갈등하게 한다. 자신을 피해자처럼 이웃의 동정을 자극하며 공동체의 건강한 성장을 방해한다. 회개의 기회가 주어져도 돌아서기보다 자기 약속을 지키겠다고 고집을 부린다. 어리석은 약속에서 돌아서는 것을 부끄러워하고 내부 분열과 민족상잔도 서슴지 않는다.

하나님께서 분명히 세상 끝날까지 나와 함께해 주시겠다고 보혜사 성령님을 보내주셨다. 우리는 그를 의지하면 된다. 그런데 내게 하나님께서 필요한 무슨 특별한 것이라도 있는 것처럼 세상의 복을 조건으로 하나님 앞에 교만하고 경솔한 서원을 했다. 그 서원을 지키지도 취소하지도 못한 우리를 대신해 기꺼이 하나님 앞에 번제물이 되어 주신 분이 바로 우리 주 예수 그리스도이시다. 성도는 그 예수 그리스도를 중심으로 살아가는 자다. 하나님만 의지하고 순종하며 살면서 자신을 거룩하게 변화시켜 가는 자다.

26.
다윗의 순종1

(삼상16:10-13)

순종은 하나님 나라 왕의 성품이고 하나님께서 세상에서 잘되고 장수하는 비법으로 그의 백성에게 주신 은혜다. 하나님께서 왕 같은 제사장으로 삼은 그의 자녀들에게 원하시는 것은 순종이고 하나님께 쓰임 받는 자녀는 순종하는 자다. 순종은 그 대상이 누구냐에 따라 순종이 될 수 있고 불순종이 될 수도 있다. 성도는 하나님 아버지를 순종의 대상으로 삼고 살기로 작정 되고 선택된 자들이다.

다윗은 순종의 본보기다. 순종은 부모에게 하는 것이다. 성도에게는 세 분의 부모가 있다. 육신의 부모, 하나님 아버지, 하나님의 말씀으로 양육해 주는 영적인 부모가 있다. 다윗은 이 세 부모에게 순종한 사람이다.

첫째. 다윗은 육신의 부모에게 순종했다(삼상16:10-13).

하나님은 왕이 된 사울이 아말렉을 치러 갈 때 사무엘을 보내어 "아말렉을 진멸하되 그들의 모든 소유와 남녀와 소아와 젖 먹는 아이와 우양과 낙타와 나귀를 다 죽이라"고 명령하셨다. 그 이유는 출애굽 당시 비무장으로 광야에 나온 이스라엘을 아말렉이 공격했기 때문이다(삼상15:1-3).

사울은 자기에게 영광이 되는 것은 남기고 하찮은 것만 진멸했다. 사울은 아말렉 왕 아각과 좋은 양과 소, 기름진 것과 어린 양 등은 진멸하기를 즐거워하지 않고, 가치 없고 하찮은 것만 진멸했다. 이것을 본 여호와께서 순종하지 않는 사울을 왕으로 세운 것을 후회하신다고 사무엘에게 말씀하셨다(삼상15:11).

사무엘이 여호와의 말씀을 듣고 밤새 근심하며 여호와께 부르짖다가 아침 일찍 일어나 사울을 만나러 갈 때 어떤 사람이 사무엘에게 와서 "지금 사울이 갈멜에서 자기를 위하여 기념비를 세우고 발길을 돌려 길갈로 내려갔다"라고 알려준다.

사무엘이 사울에게 이르자 사울은 내가 여호와의 명령을 행하였다고 말했다. 그렇다면 지금 내 귀에 들리는 양과 소의 소리는 어찌 된 것이냐고 사무엘이 물었다. 그러자 사울이 그것은 백성이 당신의 하나님 여호와께 제사하려고 아말렉 사람에게서 좋은 양들과 소들을 남겨 끌고 온 것이고 그 외 하찮은 것은 다 진멸하였다(삼상15:15)고 대답했다.

사무엘이 사울을 책망했다. "당신이 스스로 작게 여길 때 여호와
는 당신에게 기름을 부어 이스라엘의 왕으로 삼고 가서 죄인 아말
렉 사람을 진멸하되 다 없어지기까지 치라 하셨는데 어찌하여 왕
은 여호와의 목소리에 청종(순종)하지 아니하고 탈취하기에만 급하
여 여호와께서 악하게 여기시는 일을(불순종) 행하였나이까."

사울의 불순종의 배경에는 불신앙이 있었다. 사울은 자기 하나
님이라고 말하지 않고 사무엘 당신의 하나님이라고 한다. 자기 믿
음의 대상은 세상의 좋은 재물이지 여호와 하나님이 아니라는 말
이다.

순종의 대상이 다르니 불순종의 이유도 남의 탓이다(삼상15:20-
21). "나는 실로 여호와의 목소리를 청종하여 여호와께서 보내신
길로 가서 아말렉 왕 아각을 끌어왔고 아말렉 사람들을 진멸하였
으나 백성이 마땅히 멸할 것 중에서 가장 좋은 것으로 길갈에서 당
신의 하나님 여호와께 제사하려고 양과 소를 끌어왔나이다" 사울
이 왕이 되기 전, 여호와께 제사한 것은 여호와를 순종의 대상으로
믿었기 때문이 아니다. 왕이 되기 위해서였다. 이 시대에도 사울
왕의 길로 행하는 사역자들이 많다.

사무엘이 사울 왕의 폐위를 선언해 버린다(삼상15:22-23). "여호와
께서 번제와 다른 제사를 그의 목소리를 청종(순종)하는 것보다 더
좋아하시겠나이까? 순종이 제사보다 낫고 듣는 것이 숫양의 기름
보다 낫습니다. 거역하는 것은 점치는 죄와 같고 완고한(불순종) 것

은 사신 우상에게 절하는 죄와 같습니다. 왕이 여호와의 말씀을 버렸으므로 여호와께서도 왕을 버려 왕이 되지 못하게 하셨습니다"

그러자 사울이 사무엘에게 내가 범죄 하였으니 내 죄를 사하고 나와 함께 돌아가 여호와께 경배하게 해달라고 애원한다. 사울이 사무엘의 겉 옷자락이 찢어지도록 붙잡고 애원하지만 이미 회개의 기회는 지나고 말았다. 사무엘이 "오늘 여호와께서 이스라엘 나라를 왕에게서 떼어 왕보다 더 나은 왕의 이웃에게 주셨습니다. 이스라엘의 지존자는 거짓이나 번복함이 없습니다. 그분은 사람이 아니시므로 결코 뜻을 바꾸거나 고치지 않으십니다"라며 사울 왕의 폐위를 확정해 버린다(삼상15:28-29).

그리고 사무엘은 직접 아멜렉 왕 아각을 처형한 후 라마로 가고 사울은 기브아 자기 집으로 올라간 후 사무엘은 죽는 날까지 사울을 다시 가서 보지 아니하였다. (삼상15:35)

1. 부모에게 순종하는 것은 내 삶의 지정석을 지키는 것이다(삼상 16:11-13).

다윗이 삶의 제사에 순종하고 있는 현장은 그의 부모의 양 떼를 치는, 부모에게 효도하는 현장이었다. 사무엘이 베들레헴 사람 이새의 아들 중에서 새 왕을 찾아 기름을 부으라는 여호와의 명령을 받고 베들레헴에 도착하자 장로들이 떨며 사무엘을 영접했다. 사무엘은 장로들에게 내가 제사 드리려고 왔으니 스스로 정결하게 하고 함께 제사하자고 하면서 특별히 '이새'와 그의 아들들을 성결하게 하여 제사의 자리로 초청하라고 했다(삼상16:5).

이새의 여덟 아들 중 일곱 아들이 사무엘을 통해 하나님 앞에서 왕으로 선택받기 위한 면접시험을 보러 사무엘 앞에 왔다. 사무엘이 이새의 아들들을 한 명씩 불러 세우고 여호와의 뜻을 물었다. 사무엘이 큰아들 엘리압을 보고 마음속으로 "과연 여호와의 기름 부으실 자"라고 하는데, 여호와는 "그의 용모와 키를 보지 말라. 내가 이미 그를 버렸노라. 내가 보는 것은 사람과 같지 아니하니 사람은 외모를 보거니와 나 여호와는 중심을 보느니라"며 하나님 나라 왕의 기준을 말씀해 주셨다(삼상16:7).

이새의 집에 있던 일곱 아들이 다 하나님께 불합격을 받자 사무엘이 이새에게 또 다른 아들은 없느냐고 물었다. 이새가 아직 막내가 남았는데 그는 양을 지키고 있다고 했다. 가족 중 아무도 다윗을 이 특별예배의 자리에 초청하지 않은 걸 보면 다윗에게 큰 기대를 하지 않은 것 같다. 그렇지 않다면 초청받은 즉시 부르든지 첫째 둘째 셋째가 차례로 사무엘 앞에 설 때라도 사람을 보내 불러왔을 것이다. 가정에서는 다윗을 어린 막내로만 생각했던지, 요셉처럼 그의 남다른 꿈과 삶의 기준 때문에 시기와 질투를 하고 있었는지도 모른다.

사무엘이 다윗이 오기 전까지 나는 식사하지 않겠으니 지금 당장 불러오라고 하자 이새가 사람을 보내 다윗을 데려왔다. 다윗은 급히 불려 오느라 몸을 성결하게 단장하지도 못하고 양을 치던 복장 그대로 사무엘 앞에 섰다. 그런데 하나님은 그런 다윗을 보시고 "바로 이 사람이다. 어서 그에게 기름을 부어라!". "내가 이새의 아들 다윗을 만나니 내 마음에 맞는 사람이라. 내 뜻을 다 이루리라"(행13:22)고 하셨다. 이에 사무엘이 기름을 가져다가 다윗에게 부었고 이날 이후 다윗은 여호와의 영에 크게 감동되었다.

사무엘이 하나님께서 왕으로 선택한 자를 찾으러 베들레헴으로 간 날은 안식일이 아니다. 각자 주어진 삶의 현장에서 힘써 일해야 하는 6일 중 하루였다. 지정된 예배 시간도 아닌데 베들레헴을 방문한 선지자 사무엘을 보고 그곳 장로들은 무슨 일인가 하고 떨며 사무엘을 영접했다(삼상16:4).

하나님은 안식일을 기억하여 거룩하게 지키기 위해서는 엿새 동안은 힘써 네 모든 일을 행하라고 하셨다(출20:8-9). 엿새 동안은 삶이 예배가 되게 하라는 말이다. 엿새를 성실하게 살지 않으면 안식일 하루를 구별하여 드릴 수 없다는 역설이다.

외모가 아닌 마음의 중심을 보신 하나님께서 보시는 것은 삶의 예배다. 삶의 예배는 6일 동안 힘써 일하는 삶의 현장에 순종하고 충성하는 것이다. 사무엘이 이새의 아들들을 초청해 새로운 왕을 선택하는 장소는 제사하는 곳이고 제사의 시간이다. 이곳에 초청받아 간 다윗의 형들은 힘써 일해야 하는 삶의 예배 시간에 장막(집)에 있었다. 안식일을 위해 일해야 할 시간에 놀고 있었다. 다윗은 그 시간에 부모에게 순종해 들에서 양 떼를 지키며 힘써 일하고 있어서 그 특별예배에 초대받지 못했다.

그런데 하나님은 그 특별예배에 참석한 자 중에서 왕을 선택하지 않으시고 삶의 현장에서 순종의 제사(예배)를 드리고 있던 다윗을 선택하셨다. 사무엘이 하나님께 합한 자를 찾는 장소는 제사(예배)의 현장이었으나 하나님은 삶의 현장에서 삶의 예배에 순종하고 있는 다윗을 선택하셨다.

하나님이 원하시는 예배는 삶의 예배다. 하나님이 보시는 중심은 삶의 예배에 순종하는 것이다. 삶의 예배는 주의 날인 안식일을 위해 주신 6일 동안 먹고 사는 세상 삶의 현장에서 성실하게 땀 흘리며 일하는 것이다. 이것이 성도의 거룩이다.

하나님은 안식일의 시간을 하루로 규정하고 그 시간에 머물러야 할 공간은 장막, 가정으로 제한했다. 그리고 안식일에는 온 가족이 말씀 안에서 쉬라고 하셨다(출20:8-11). 그러나 안식일을 위한 엿새는 그 장소와 시간, 만남의 대상을 제한하지 않으셨다. 안식일이 하나님 아버지를 위한 효도의 시간이라면 6일은 육신의 부모님에게 효도하는 시간이다.

하나님은 그의 백성에게 하늘 아버지인 자신에게 순종하는 시간보다 육신의 부모와 맡은 일을 위해 충성해야 할 시간을 6배나 많게 하셨고 그 활동 공간도 제한하지 않으셨다. 불순종한 사울을 버리고 순종의 왕으로 다윗을 선택하실 때도 안식일이 아닌 엿새 중

한 날에 하셨고, 규정된 제사 의식이 진행되는 현장에 있는 자가 아닌 삶의 현장에서 순종의 제사를 드리고 있는 자를 선택하셨다.

2. 다윗은 부모에게 하는 순종을 목숨을 걸고 했다(삼상17:34-35상).

부모의 양을 대충 눈가림식으로 치지 않았다. 양의 생명을 자신의 생명처럼 여기고 지켰다. 어린 나이였지만 사나운 맹수가 양을 잡아가면 끝까지 따라가 맹수의 입에서 양을 구해 냈다. 양들을 칠 때 곰이나 사자가 자기를 해하려고 하면 그 수염을 잡고 그것들을 쳐 죽였다. 순종의 길에 지혜와 담대함이 있다. 다윗의 지혜와 용맹은 부모에게 순종하고 효도하는 삶의 현장에서 배우고 터득한 것들이다.

3. 부모에게 순종하는 자는 형제들의 평안을 위해 낯선 길을 가야 한다(삼상17:18). 다윗이 아버지의 샬롬을 형제들에게 전하기 위해 낯선 길을 갔다. 순종의 정의는 아버지의 샬롬을 형제들에게 전하는 것이다. 그 순종의 길은 낯선 길이고 동시에 평생을 가야 하는 사명의 길이다.

아버지 이새가 왕으로 기름 부음 받은 다윗에게 명령했다. 자녀의 신분이 무엇이든지 자녀는 부모에게 명령을 받고 순종해야 한다. 이새가 다윗에게 순종을 명령한다. 사울이 블레셋과 전쟁을 할 때 이새의 세 아들도 전쟁터에 나가 있었다. 이새는 전쟁터에 가 있는 아들들의 안부가 궁금해 다윗에게 볶은 곡식 한 에바와 떡 열 덩이, 그리고 천부장을 위하여 치즈 열 덩이를 싸서 주며 전쟁터에 가서 형들의 안부를 살피고 그 증표를 가지고 오라고 했다.

다윗이 메고 갈 짐의 무게는 약 30kg 정도이고 다윗이 이 짐을 메고 걸어가야 할 길은 약 24km다. 요셉처럼 다윗도 부모님에게 순종해 아버지의 샬롬과 형제들의 일용할 양식을 짊어지고 형제들이 블레셋과 대치하고 있는 엘라 골짜기까지 낯선 길을 홀로 가는 순종으로 효도했다(삼상17:18-19)

부모에 대해 순종은 형제들이 평안하다는 증표를 부모에게 가지고 갈 때까지 멈추지 않고 연장해 가야 한다. 삶의 제사는 힘써 일하는 삶의 현장에서 드리는 예배다. 삶의 제사에 효도와 충성의 예배가 있다. 사울은 제사를 핑계로 자기 영광을 추구했으나 다윗은 부모에게 순종해 삶의 현장을 지키는 중에 하나님의 선택을 받아 나라와 민족을 위해 일하는 충성의 기회를 얻었다.

27.
다윗의 순종2

(삼상17:45-47)

순종하기 위해서는 그 대상에 대한 바른 지식이 믿음이 되어야 한다. 하나님에 대한 바른 지식이 순종의 순도를 결정한다. 하나님을 바르게 알지 못하고 하는 열정은 불순종이다. 누군가의 순종을 묵상할 때 중요한 것은 그 순종 자의 신앙고백을 찾는 것이다. 다윗의 순종 속에는 그의 신앙고백이 있었다.

둘째. 다윗은 하나님 아버지의 뜻에 순종했다(삼상17:45-47).

1. 하나님 아버지께 대한 순종은 육신의 부모에게 하는 순종의 연장선에 있다(엡6:1-3).

바울은 하나님 아버지를 믿는 자들이 지켜야 할 첫 계명을 부모에게 순종하는 것이라 했다. "자녀들아 주 안에서 너희 부모에게 순종하라 이것이 옳으니라. 네 아버지와 어머니를 공경하라 이것은 약속이 있는 첫 계명이니 이로써 네가 잘되고 땅에서 장수하리라" 했다.

순종은 부모라는 관계성 속에 상호 연계성을 가지고 있다. 육신의 부모에게 하는 순종이 하나님 아버지께 하는 순종으로 이어지고 하나님 아버지께 하는 순종이 육신의 부모에게 하는 순종이 된다. 다윗이 아버지 이새에게 순종해 하나님 아버지께 대한 순종을 실천하는 기회로 이어간다.

다윗이 아버지 이새가 형들에게 준 볶은 곡식 한 에바와 떡 열 덩이, 천부장에게 주는 치즈 열 덩이, 약 30kg 정도의 짐을 지고 24km를 걸어서 형들이 있는 진영에 도착했다. 엘라 골짜기에서는 이스라엘과 블레셋이 싸우는 중이었다. 다윗은 가지고 온 짐을 짐 지키는 자의 손에 맡기고 군대로 달려가서 형들에게 문안한다. 그때 마침 블레셋 진영에서 골리앗이라는 사람이 나와서 이스라엘을 모욕한다. 이스라엘 사람들은 그를 보고 심히 두려워하여 그 앞에서 도망한다. 다윗은 이 순간을 하나님 아버지께 순종하는 기회로 삼았다.

다윗은 육신의 부모에게 했던 순종을 자기의 최고의 자랑으로 삼았다(삼상17:34-37). 다윗이 사울에게 말한 자기소개서는 다음과 같다. "저는 지금까지 아버지의 양 떼를 지켜 왔습니다. 사자나 곰이 양 떼에 달려들어 한 마리라도 물어가면, 저는 곧바로 뒤쫓아가서 그놈을 쳐 죽이고 그 입에서 양을 꺼내어 살려냈습니다. 그 짐승이 저에게 덤벼들면 그 턱수염을 붙잡고 때려죽였습니다. 저 할례받지 않은 블레셋 사람도 그 꼴로 만들어 놓겠습니다. 나는 살아 계신 하나님의 군대를 모욕한 자를 그대로 둘 수 없습니다. 사자와 곰의 발톱에서 저를 살려 주신 하나님께서 저 블레셋 사람의 손에서도 틀림없이 저를 살려 주실 것입니다." 다윗은 육신의 부모님의 재산을 목숨을 걸고 지켰듯 하나님 아버지의 이름을 지키는 일에 목숨을 걸고 순종했다.

2. 하나님 아버지께 순종하는 것은 하나님의 이름을 망령되이 부르지 않는 것이다(출20:1-7).

다윗은 하나님의 이름이 망령되게 불리는 것을 절대로 용납하지 않았다. 다윗은 사울 왕이 골리앗을 죽인 사람에게 많은 재물과 함께 그의 딸을 주고 세금을 면제해 주겠다고 했다는 말을 들었다. 할례도 받지 않은 블레셋 사람이 살아 계시는 하나님을 섬기는 군인들을 모욕하다니, 참을 수가 없었다. 다윗은 사울이 내건 조건, 재물이나 사울의 사위가 된다는 상급 때문에 골리앗과의 결투에 나선 것이 아니다. 다윗은 하나님의 이름을 망령되게 부르는 것에 분노하고 그런 골리앗과 블레셋을 용납할 수 없었다.

제3계명은 "하나님의 이름을 망령되이 부르지 말라",이다. 1, 2계명의 압축이고 결론이다. 하나님의 이름을 망령되게 하지 않으려면 여호와 하나님 외에 다른 신들을 두지 말아야 한다. 나를 위하여 새긴 우상이나 어떤 형상도 만들지 말아야 한다. 우상들에게 절하지 말며 섬기지 말아야 한다. 이것이 다윗의 신앙고백이다. 다윗의 승리는 그의 신앙고백을 따른 승리다.

다윗이 군인들과 이야기하는 것을 들은 큰형 엘리압이 화를 냈다. 다윗에게 전쟁 구경이나 하러 왔다며 완악하고 교만하다고 꾸짖었다. 그러나 다윗은 그 자리를 피하여 골리앗에게만 주목한다. 다윗은 싸워야 할 대상이 누구인지를 정확히 알았다. 어떤 사람이 다윗이 한 말을 듣고 사울에게 전하자 사울이 다윗을 불렀다. 다윗은 사울에게 말했다. "누구든지 저놈 때문에 사기를 잃어서는 안됩니다. 왕의 종인 제가 나가서 저 블레셋 사람과 싸우겠습니다."

3. 다윗은 자기에게 익숙한 삶의 도구들을 가지고 하나님 아버지께 순종했다(삼상17:38-40). 다윗의 신앙고백을 들은 사울이 다윗에게 골리앗과 싸우도록 허락한다. 다윗은 사울이 입혀 준 익숙하지 않은 갑옷과 투구를 벗고 자기에게 익숙한 목동의 지팡이와 무릿매, 시냇가에서 골라 주운 돌 다섯 개를 주머니에 넣고 골리앗에게 나아갔다.

우리가 순종하지 못한 것은 순종에는 특별한 무엇이 필요하다는 생각 때문이다. 나에게 익숙한 것들을 적들은 우습게 볼 수 있고, 나도 그것들을 부끄러워할 수 있다. 그러나 내 삶에 익숙한 것들이 나를 순종으로 이끌어 승리하게 하는 최고의 은혜의 도구다. 골리 앗이 다윗을 보더니 "막대기를 들고 나에게 나아오다니, 네가 나를 개로 여기는 것이냐? 내가 너의 살점을 공중의 새와 들짐승의 밥으로 만들어 주마" 하며 자기 신들의 이름으로 다윗을 저주한다.

4. 다윗은 나와 항상 함께하시는 여호와 하나님의 이름을 의지하고 순종했다(삼상17:45-47). 다윗이 블레셋 사람에게 외쳤다. "너는 칼을 차고 창을 메고 투창을 들고 나에게로 나왔으나, 나는 네가 모욕하는 이스라엘 군대의 하나님, 곧 만군의 주의 이름을 의지하고 너에게로 나왔다. 주께서 너를 나의 손에 넘겨주실 것이다. 내가 오늘 너를 쳐서 네 머리를 베고 블레셋 사람의 주검을 모조리 공중의 새와 땅의 들짐승에게 밥으로 주어서 온 세상이 이스라엘의 하나님을 알게 하겠다. 또 주께서는 칼이나 창 따위를 쓰셔서 구원하시는 것이 아니라는 것을, 여기에 모인 이 온 무리가 알게 하겠다. 전쟁에서 이기고 지는 것은 주께 달린 것이다. 주께서 너희를 모조리 우리 손에 넘겨주실 것이다." 다윗은 주머니에서 돌 하나를 꺼내 무릿매로 골리앗의 이마에 정통으로 던져 쓰러뜨리고 달려가 그의 칼집에서 칼을 빼서 그의 목을 잘라 죽였다.

5. 다윗은 하나님 아버지께서 세운 영적 질서에 순종했다(삼하1장-3장). 블레셋에 패한 사울이 길보아 산에서 자결해 죽는다. 사울이

죽은 지 사흘째 되던 날, 옷을 찢고, 머리에 흙을 뒤집어쓴 애도의 표시를 한 젊은 사람이 사울의 진에서 다윗에게로 달려와 사울 왕과 요나단은 전사했다고 했다. 다윗이 그 젊은이에게 사울과 요나단이 전사한 줄을 네가 어떻게 알았느냐고 물었다.

그는 우연히 길보아 산에 올라갔는데, 사울은 창에 몸을 버티고 서 있고 블레셋 군대는 사울에게 바짝 다가오고 있었다. 사울이 자기를 보고 누구냐고 물어 아말렉 사람이라고 했더니 내가 부상이 괴로워 견딜 수 없으니 어서 자신을 좀 죽여 달라고 부탁해서 자기가 사울을 죽였다고 했다. 사울을 죽인 증거물로 왕관과 팔찌를 가져왔다고 했다.

그는 자기가 다윗의 원수 사울을 죽였으니 다윗에게 상을 받을 것이라고 기대했다. 그러나 다윗은 호통을 치고 부하 가운데 한 사람을 불러서 그를 쳐 죽이라고 명령한다. 여호와께서 기름 부어 세운 사람을 해한 것을 용납할 수 없었다. 다윗은 사울의 아들 이스보셋을 죽인 군지휘관 '바아나'와 '레갑'도 죽여 그들의 손과 발을 모조리 잘라 낸 다음 헤브론의 연못가에 매달았다. 이스보셋의 머리는 가져다가 헤브론에 있는 아브넬의 무덤에 묻어주었다.

다윗은 자기 편리를 따라 순종하지 않고 하나님이 세우신 영적 질서를 따라 순종했다. 다윗은 얼마든지 사울과 싸워 이길 힘이 있었지만, 하나님이 세운 영적 질서를 존중하고 따르며 충성하면서 하나님의 때를 기다렸다.

6. 다윗은 하나님을 그의 모든 의사의 최종 결정권자로 믿고 순종했다(삼하2:1). 사울이 죽자 다윗은 하나님께 제가 유다에 있는 성읍으로 올라가도 되느냐고 물었다. 하나님께서 올라가라고 하자 다윗은 다시 어느 성읍으로 올라가야 하느냐고 묻고 하나님께서 헤브론으로 올라가라고 하자 그곳으로 갔다. 다윗은 모든 것을 하나님께 여쭙고 행동했다.

7. 다윗은 하나님의 때까지 기다리는 것에 순종했다(삼하2:4). 헤브론으로 가서 다윗은 스스로 왕이 되지 않았다. 다윗은 사무엘을 통해 왕으로 기름을 부음을 받았으나 백성이 왕으로 삼기를 기다렸다. 헤브론에서 유다 사람들이 찾아와 다윗에게 기름을 부어 유다 왕으로 삼았다. 다윗은 하나님께 기름 부음 받은 지 십여 년이 지나서 이스라엘의 12분의 일인 유다 지파의 왕이 되었다.

8. 다윗은 하나님의 공의를 실천하는 일에 순종했다(삼하2:5-7). 하나님의 뜻을 기준으로 삼고 하는 순종이 공의다. 다윗은 상을 받을 자에게 상을 주고 벌을 받을 자에게 벌을 주어 분명히 공의를 세웠다. 다윗은 자기를 왕으로 삼은 유다 민족에게 상을 베풀기보다 사울의 목을 가져다가 이레 동안 금식하며 장사 지낸 이스라엘 동쪽에 사는 길르앗 야베스 사람들에게 상을 내렸다.
다윗은 평화 협정을 맺은 북 이스라엘의 사령관 아브넬을 죽인 요압을 저주하고 요압을 비롯하여 온 백성에게 아브넬의 상여 앞에서 걸어가면서 애도하라고 명했다. 다윗 왕이 아브넬을 위해 조가를 지어 부르며 헤브론의 아브넬 무덤 앞에서 음식을 먹지 않고 목을 놓아 울었고 온 백성도 울었다.

다윗은 사사로운 감정에 따라서 행하지 않았다. 다윗은 강력한 성을 빼앗는 힘도 있었지만, 자신의 마음도 다스리는 사람이었다. 때로는 진리가 아닌 거짓이 성공으로 가는 더 빠른 길이 될 수도 있다. 그러나 다윗은 그것들을 단호히 배제하고 오직 하나님의 뜻에 따라 하나님의 방식으로 순종했다.

28.
다윗의 순종3

(삼하12:1-15)

이스라엘을 애굽에서 구원해 내신 유일하신 하나님 여호와께서 그의 백성에게 요단을 건너가 차지할 땅에서 행할 명령과 규례와 법도를 말씀해 주셨다. 이 말씀을 지키는 것이 하나님이 주신 젖과 꿀이 흐르는 땅에서 장수하고 번성하는 길이라고 했다.

그리고 하나님은 육신의 부모들을 향하여 말씀하셨다. "너희는 이 말씀을 먼저 마음에 새기고 네 자녀에게 부지런히 가르치며 집에 앉았을 때든지 길을 갈 때든지 누워있을 때든지 일어날 때든지 이 말씀을 강론하라" 강론한다는 것은 해석하고 설명한다는 말이다. 그것을 네 손목에 매어 기호로 삼으며 네 미간에 붙여 표로 삼고 또 네 집 문설주와 바깥 문에 기록하라고 했다(신6:1-9).

순종의 대상은 부모다. 부모들의 교훈에는 "하나님의 말씀"이라는 공통분모가 있다. 부모가 하나님의 말씀이란 공통분모를 가지고 자녀를 교훈하지 않으면 자녀를 노엽게 하게 된다. "하나님의 말씀"으로 나의 영혼을 깨우치고 회개하도록 하는 자는 다 영적 부모다.

셋째. 다윗은 영적 부모인 나단 선지자에게 순종했다(삼하12:1-15).

1. 영적 부모는 영적 자녀를 위해 하나님께 기도하는 자다(삼하7:1-17). 다윗의 믿음과 순종은 예루살렘 정복 이전과 이후로 나누어 생각해 볼 수 있다. 예루살렘으로 수도를 옮기기 전까지 다윗의 모습은 완전한 믿음과 순종의 복음을 보여주었다. 그 대칭에 율법을 대표하는 사울이 있었다. 그러나 '두로'의 왕이 백향목 집을 지어준 이후, 다윗의 모습에는 복음을 영접했으나 하나님 나라와 세상 나라 사이에서 갈등하는 연약한 죄인의 모습이 보인다.

여호와께서 다윗 주위의 모든 원수를 무찔러 주시고 다윗이 왕의 자리에 앉아 평안히 살게 하셨다. 하루는 다윗이 선지자 나단을 불러 말했다. 자신은 백향목 궁에 사는데 하나님의 궤는 휘장 가운데에 있으니 하나님을 위해 전을 지어드리고 싶다는 것이다. 이 상황을 부정적으로 보면 영적 질서를 무시하는 행위지만 긍정적으로 보면 기도 부탁을 한 것이다.

이방인이 지어준 백향목 집의 편리함이 다윗의 순종을 변질시켜 갔다. '두로'의 왕이 다윗을 위해 백향목 집을 지어주기 전까지 다윗은 순종의 대상인 하나님의 뜻을 직접 묻고 그의 뜻에 순종하며 살아왔다. 다윗이 하나님 앞에서 하나님의 뜻을 묻지 않고 이방 문명의 편리한 이기에 누워 하나님을 생각해 보니 하나님의 궤가 놓인 자리가 초라해 보였다. 하나님의 뜻을 문명의 이기로 비교해 보면 순종의 길은 초라해 보이고 자기 열정이 하나님을 기쁘시게 할 수 있다는 착각에 빠지게 된다.

2. 영적 부모는 하나님의 뜻을 자녀에게 바르게 전달하고 깨우쳐 주는 자다(8-17). 나단을 통해 다윗의 기도를 들으신 하나님께서 자기 뜻을 나단을 통해 다윗에게 말씀하셨다. 오만해진 다윗을 보고도 하나님은 자기 약속에 신실하셨다. "나는 창조주다. 하늘이 나의 보좌이고 이 땅은 나의 발판이다. 창조주인 나는 집이 필요 없다. 내가 원하는 것은 집이 아니다. 마음이다. 양 떼를 따라다니던 너 다윗을 나의 백성 이스라엘의 통치자로 삼은 자는 바로 나 여호와다. 내가 너의 모든 원수를 네 앞에서 물리쳐주었다. 네가 이 은혜를 잊으면 엉뚱한 생각을 할 수 있으니 이 은혜를 잊지 말고 기억하라"라고 하셨다.

그리고 하나님은 다윗을 선택한 자신의 위대한 계획, 메시아를 통한 인류 구원의 계획을 말씀해주셨다(삼하7:10-17). 하나님을 위해 보이는 집을 지어주겠다고 하는 다윗에게 하나님은 내가 너를 위하여 집을 짓고 너의 이름을 빛나게 해주며 너의 왕권을 영원히 보호해 주시겠다고 약속하셨다. 너는 내 아들이고 나는 너의 아버지라고 하셨다. 만약 아들이 죄를 범하면 아버지인 나 여호와가 사람의 매와 인생 채찍으로 징계하겠지만 사울처럼 하나님의 은총을 빼앗지는 않겠다고 하셨다.

3. 영적 부모는 하나님의 말씀으로 자녀들의 죄를 지적해 주어 하나님 앞에 회개하도록 하는 자다(삼하12:1-15). 다윗이 영적 부모의 말씀에 순종해 회개했다. 신실하신 하나님은 여호수아도 사사들도 사울도 점령하지 못한 약속의 땅들을 다윗으로 점령해 이기게 하셨다. 다윗이 인간관계에서 여호와의 이름을 두고 약속한 약속도 '므비보셋'을 통해 지키게 하셨다. 이방 암몬 왕 '아하스'에게 받은 은혜도 갚았고, 이 은혜를 받을 줄 모르고 오히려 대항하는 '하눈'과 시리아의 연합군도 물리치게 하셨다. 다윗은 하나님이 함께해 주셔서 공공의 적도 물리치고 마음에 진 인간관계의 빚도 갚았다.

다윗은 완전한 성공의 삶, 그 정점에서 큰 실수를 하게 된다. 이 실수가 꼬리를 물고 이어지면서 다윗의 노후가 불행해진다. 다윗이 '우리아'의 아내 밧세바를 범해 임신하게 하고 그의 남편을 죽이는 살인죄를 범한다. 다윗이 요압을 보내 '랍바'를 에워싸고 자신은 예루살렘에 있던 어느 날 저녁때다.

다윗이 왕궁 옥상을 거닐다가 한 여인이 목욕하는 것이 심히 아름답게 보여 사람을 보내 그 여인의 신상을 알아보게 한다. 전쟁터에 가 있는 '헷 사람 우리아의 아내 밧세바'라고 보고를 받은 다윗이 전령을 보내 그 여자를 데려왔다. 전령은 상관의 명령을 전하는 자다. 왕의 명령에 밧세바는 거역할 수 없다. 그날 다윗은 밧세바를 범해 임신하게 했다. 밧세바가 사람을 보내 임신 사실을 다윗에게 말하자 다윗이 2차 범죄를 계획한다.

다윗이 요압에게 전통을 보내 '우리아'를 자기에게 보내라 한다. 우리아가 오자 다윗은 전방 상황을 묻고 오늘은 집으로 가서 아내와 함께 쉬라며 왕의 특별 수라상까지 내린다. 그러나 우리아는 집으로 내려가지 않고 왕궁 문에서 다른 병사들과 함께 잤다. 이 소식을 들은 다윗이 그 이유를 묻자 우리아가 다윗에게 말한다. "언약궤와 이스라엘과 유다가 야영하고 있고 내 주 요압과 내 왕의 부하들이 바깥 들에서 진 치고 있는데, 내가 어찌 집에서 먹고 마시고 처와 같이 잔다는 말입니까? 나는 이런 일을 하지 않기로 왕의 살아 계심과 왕의 혼의 살아 계심을 두고 맹세합니다."

하나님 아버지는 나단 선지자에 앞서 다윗의 범죄의 대상, 살인의 대상인 '우리아'를 통해서도 다윗이 죄악의 한복판에서 회개하고 돌이켜 더는 죄의 도미노에 빠지지 않기를 바라는 자기 뜻을 전하셨다. 그런 면에서 우리아도 다윗의 영적 부모다. 다윗의 죄를 위해 죽었으니 다윗의 십자가다.

다시 다윗이 우리아에게 진탕 술을 먹여 취하게 해서 보냈지만 우리아는 집으로 내려가지 않았다. 그러자 다윗이 편지를 써서 우리아의 손에 들려 요압에게 보낸다. '우리아'를 적진 한가운데 선봉에 세우고 너희는 뒤로 슬그머니 물러나 그를 죽게 하라는 야비한 살인 명령이다. 예루살렘 정복 이전까지의 다윗에게서는 찾아볼 수 없는 악한 술수다. 이런 악한 생각과 행위는 율법의 상징인 사울의 전형적인 수법이다. 배우지 않아야 할 것이지만 이것들은 우리 몸에 박혀 있다가 기회가 되면 스멀스멀 기어 나와 나와 우리를 괴롭힌다.

다윗이 자신의 계획대로 '우리아'가 죽었다는 보고를 받았다. 다윗은 이런 자신의 살인 계획까지도 부하들의 전술 전략에 대한 무능 탓으로 돌린다. 그러나 사실을 알고 있는 요압에게는 걱정하지 말고 더욱 힘써 싸워 성을 함락시키라고 위로한다. 권력을 가진 자의 야비한 모습이다. 우리아의 아내는 남편의 전사 소식을 듣고 소리 내어 운다. 다윗은 우리아의 장례를 마치자 기다렸다는 듯 사람을 보내 밧세바를 왕궁으로 데려와 아내로 삼았다. 여호와 하나님은 다윗이 행한 일이 보시기에 악하다고 하셨다(삼하11장).

아버지 하나님은 아들이 잘못하면 '사람의 매와 인생 채찍으로 징계'하시겠다고 하셨다(삼하7:14). 다윗의 아빠 아버지 되신 하나님은 악한 행위를 한 아들 다윗에게 그의 영적 가정 교사인 '나단'선지자를 보내 아들 다윗의 죄를 지적하고 회개하도록 권유하신다.

나단이 다윗에게 말했다. "한 고을에 양과 소가 심히 많은 부자와 자기가 사서 기르는 작은 암양 새끼 한 마리를 딸처럼 기르며 사는 가난한 자가 있었습니다. 어느 날 부잣집에 한 손님이 오자 부자가 그 손님을 위해 자기의 양과 소를 잡지 않고 가난한 사람의 양 새끼를 빼앗아다 잡아 대접했습니다." 다윗이 나단의 말을 듣고 노했다. '내가 여호와의 살아 계심을 두고 맹세한다. 이런 일을 행한 놈은 마땅히 죽어야 한다. 그런 놈에게는 양 새끼를 네 배로 갚도록 해야 한다.' 자아를 잃어버린 권위의 모습이다.

나단이 다윗에게 말했다. "당신이 바로 그 사람입니다." 이스라엘의 하나님 여호와께서 이같이 말씀하셨습니다. "내가 너를 이스라엘 왕으로 기름 붓기 위하여 너를 사울의 손에서 구원하고, 네 주인의 집을 네게 주고 네 주인의 아내들을 네 품에 두고 이스라엘과 유다 족속을 네게 맡겼다. 만약 그것이 부족하였다면 내가 네게 이것저것을 더 주었을 것이다. 그런데 어찌하여 네가 여호와의 말씀을 업신여기고 나 보기에 악을 행하였느냐, 네가 칼로 헷 사람 우리아를 치되 암몬 자손의 칼로 죽이고 그의 아내를 빼앗아 네 아내로 삼았느냐, 이제 네가 나를 업신여기고 헷 사람 우리아의 아내를 빼앗아 네 아내로 삼았은즉 칼이 네 집에서 영원토록 떠나지 아니하리라. 보라 내가 너와 네 집에 재앙을 일으키고 내가 네 눈앞에서 네 아내를 빼앗아 네 이웃들에게 주리니 그 사람들이 네 아내들과 더불어 백주에 동침하리라, 너는 은밀히 행하였으나 나는 온 이스라엘 앞에서 백주에 이 일을 행하리라"고 하셨다.

다윗은 영적 부모의 말씀에 순종하고 회개했다. 아버지 하나님의 말씀을 영적 가정교사 나단 선지자를 통해 듣고 다윗이 고백한다. "내가 여호와께 죄를 범하였습니다". 나의 죄를 지적하는 하나님의 말씀 앞에서는 내가 죄인이다. 내가 범죄했다, 나를 용서해 주십시오. 용서해 주셔서 감사합니다. 라고만 말해야 한다.

회개한 다윗에게 다시 나단이 말했다. "여호와께서도 당신의 죄를 사하셨나니 당신이 죽지는 않습니다. 그러나 이 일로 말미암아 여호와의 원수가 크게 비방할 거리를 얻게 하였으니 당신이 낳은 아이가 반드시 죽을 것입니다" 하고 나단이 자기 집으로 돌아갔다. 회개하고 돌이키면 나는 죽음을 면제받는다. 그러나 누군가는 나의 죄를 위해 죽어야만 한다. 그가 다윗의 죽은 아들로 예표 된 하나님의 독생자 예수 그리스도다.

여호와께서 다윗이 우리아의 아내를 통해 낳은 아이를 치시매 심하게 아팠다. 다윗이 아이를 위하여 금식하며 밤새도록 땅에 엎드려 간구했다. 늙은 종들이 다윗을 땅에서 일으키지만, 다윗이 듣지 않고 먹지도 않았다. 그러나 7일 만에 아이는 죽고 만다. 신하들은 이 사실을 다윗에게 보고하지 못했다. 다윗이 수군거리는 신하들에게 물어 아들이 죽었다는 소식을 듣고 땅에서 일어나 몸을 씻고 기름을 바르고 의복을 갈아입고 여호와의 전에 들어가서 경배하고 왕궁으로 돌아와 명령하여 음식을 차리게 하고 먹었다.

신하들이 아이가 살았을 때는 금식하고 우시더니 죽은 후에는 일어나 잡수시는 것을 보고 의아해했다. 다윗이 말했다. "아이가 살았을 때 내가 금식하고 운 것은 혹시 여호와께서 나를 불쌍히 여기사 아이를 살려 주실까 해서였지만, 죽었으니 내가 어찌 금식하랴, 내가 다시 돌아오게 할 수 있느냐, 나는 그에게로 가려니와 그는 내게로 돌아오지 아니하리라." 영적 부모는 나의 죄를 지고 먼저 십자가를 진 자녀를 뒤따라가는 자다. 하나님 아버지는 아들 예수 그리스도가 지신 십자가를 따라 성령 하나님으로 우리를 찾아오셨다.

그리고 다윗이 그의 아내 밧세바를 위로하고 얻은 아들이 '솔로몬'이다. 여호와께서 그를 사랑하사 선지자 나단을 보내 그의 이름을 '여디디야' '여호와께서 사랑하셨다'라고 지어주셨다(삼하12장). 다윗은 육신의 부모, 하나님 아버지, 영적 부모에게 어린아이처럼 순수하게 순종했다. 순종의 관계는 티 없이 맑고 순수해야 한다. 아무것도 막힌 게 없어야 한다. 순종의 대상인 부모 앞에서는 나의 어리석음이 부끄럽지 않아야 하고 나의 실수가 허물이 되지 않아야 한다. 죽을죄를 지었을지라도 용서를 빌면 용서해주신다는 것을 믿어야 한다.